PLATON

EUTHYPHRON

Griechisch-deutsch

VERLAG VON FELIX MEINER
HAMBURG

PHILOSOPHISCHE BIBLIOTHEK BAND 269

Im Digitaldruck »on demand« hergestelltes, inhaltlich mit der ursprünglichen Ausgabe identisches Exemplar.

Bibliographische Information der Deutschen Nationalbibliothek:
Die Deutsche Nationalbibliothek verzeichnet diese Publikation in der Deutschen Nationalbibliographie; detaillierte bibliographische Daten sind im Internet über *portal.dnb.de* abrufbar.
ISBN 978-3-7873-4824-4
ISBN eBook 978-3-7873-2289-3

Kontaktadresse nach EU-Produktsicherheitsverordnung:
Felix Meiner Verlag GmbH
Richardstraße 47, 22081 Hamburg
info@meiner.de

Gesamtherstellung: Libri Plureos GmbH.
Gedruckt in Deutschland.

INHALT

VORWORT

Die vorliegende zweisprachige Ausgabe von Platons „Euthyphron“ ist als Unterlage für philosophische Übungen gedacht. Sie begnügt sich mit dem einfachen Burnetschen Text der Werke Platons in der Bibliotheca Oxoniensis ohne den kritischen Apparat. (Die neben dem Text gesetzten Ziffern bedeuten die Seitenzahlen der Ausgabe des Henricus Stephanus, Paris 1578, nach der Platon zitiert zu werden pflegt, die am äußeren Rand der Übersetzung stehenden Zahlen die in manchen Ausgaben vorgenommene Einteilung in Kapitel.) Die Übersetzung macht keinerlei stilistische Ansprüche. Sie sucht lediglich einen klaren, lesbaren Text zu geben und bestrebt sich daher auch nicht, alle Nuancen des Originals möglichst getreu wiederzugeben. Sie ist zuerst (1948 im Scherpe-Verlag Krefeld) ohne beigefügtes griechisches Original erschienen; benutzt war damals der Stallbaumsche Text. In der gegenwärtigen Ausgabe ist sie, wo es nötig schien, dem Burnetschen Text adaptiert worden. Die Anmerkungen – auf die am Rande durch × verwiesen wird – beschränken sich auf wenige Sacherläuterungen und einige Hinweise auf platonische Parallelstellen, die für die Auseinandersetzungen der Einleitung von Bedeutung sind. Die Einleitung selbst versucht, die Stellung des „Euthyphron“ in der Entwicklung von Platons Philosophie zur Ideenlehre hin zu bestimmen – ich verbessere damit meine Darlegungen im Nachwort der ursprünglichen Ausgabe der Übersetzung – und ein ungefähres Bild vom historischen Anlaß und der literarischen Absicht des Dialogs zu geben.

Marburg/Lahn, im März 1968 *Klaus Reich*

EINLEITUNG DES HERAUSGEBERS

Ein antikes Scholion bemerkt zu Platons „Euthyphron" Seite 6a, b der Stephanus-Ausgabe: „Bemerke wohl, wie Platon nicht duldet, daß auf die Gottheit die Göttermythen der Dichter angewendet werden, die von Zwistigkeiten, Kriegen, Geschlechtsverkehr und derartigem reden. Denn das ganze Absehen des folgenden Gesprächs läuft darauf hinaus."[1] Der spätantike Gelehrte, der hier spricht, denkt sich also als philosophischen Gehalt des Dialogs die Durchführung der These der Ungültigkeit der Aussagen, die etwa Homer und Hesiod über ihre Götter machen, von „Gott" (der Gottheit von Denkern nach Homer und Hesiod). Diese These als solche ist aber sehr alt. Schon Xenophanes, der Dichter und Philosoph des 6. Jahrhunderts, spricht sie aus. Im 4. Jahrhundert wäre es schwerlich aktuell gewesen, wenn Platon sie in Athen hätte durchsetzen wollen. Kann also das Scholion Recht haben? In jedem Falle ist es insofern interessant, als es den Schnitt zwischen der Einleitung und dem Hauptteil des Dialogs, der nicht ganz auf der Hand liegt, zu bestimmen sucht. Es empfiehlt sich in der Tat, mit der Auseinandersetzung $6a_6$–c_8 die Einleitung enden zu lassen. Aber daß man im Hinblick auf dieses Ende der Einleitung das Beweisthema des ganzen Dialogs nicht richtig angibt, wenn man es formuliert ‚Widerlegung der Behauptung, die dichterischen Göttermythologeme seien Wahrheiten über das Göttliche', zeigen der vorhergehende und nachfolgende Satz. Euthyphron hat die Göttermythologeme nicht um ihrer selbst willen als Theologumena ins Gespräch gebracht, sondern als Mittel zur Begründung des Rechts- oder Frommheitscharakters des Vorgehens eines Menschen

[1] Platons Werke, ed. K. F. Hermann (Teubner) Bd. VI.

– seiner selbst – gegen einen anderen Menschen – seinen Vater –, eines Vorgehens, das dem Sokrates ebenso wie der Menge als höchst anstößig oder jedenfalls problematisch erscheint; und Sokrates' Aufforderung an Euthyphron, sich deutlicher auszusprechen, bezieht sich auf diese Funktion von Euthyphrons Verwendung eines Theologumenon Hesiods als Indiz der Richtigkeit einer Vorschrift für menschliches Verhalten.

So sicher es ist, daß Platon diese Verwendung der traditionellen Göttersage nicht billigt, ebenso sicher ist es, daß man auch Bedenken tragen muß, die Kritik an diesem Verfahren als das Hauptanliegen des ganzen Dialogs anzusehen. Und zwar aus demselben Grunde, aus dem man die Richtigkeit der These des Scholions bezweifeln muß: diese Kritik ist absolut nichts Neues. Speziell der Fall des Euthyphron, sich für ein von den Mitmenschen als problematisch angesehenes Vorgehen gegen den eigenen Vater auf das Verhalten des Zeus gegen Kronos zu berufen, ist schon in den „Wolken" des Aristophanes als ein rhetorischer Trick dargestellt worden, der am Platze ist, wenn man eine Rechtswidrigkeit als Recht erscheinen lassen will („Wolken", Vers 902–906, verglichen mit Vers 1077 bis 1082). Und Aristophanes bedient sich damit einer Argumentationsweise, die schon Aischylos in den „Eumeniden" (Vers 640–643) gebraucht hatte. Daß jemand, der gesunden Sinnes ist, dem Sokrates diese Kritik übelnehmen wird, ist daher kaum zu befürchten.

Was also nimmt der Sokrates des Dialogs bzw. dessen Verfasser wirklich wichtig? Wenn es nicht die spezielle Weisheit des Euthyphron ist, so kann es nur das Allgemeine sein, wovon sie ein Spezialfall ist. Dies Allgemeine ist der Anspruch des Euthyphron, ein besseres Wissen über die Richtigkeit von Vorschriften für das menschliche Verhalten zu haben als seine Mitmenschen. Versteigt er sich doch dazu – freilich von Sokrates verführt –, Anspruch auf

ein „exaktes Wissen" eines solchen Kriteriums zu erheben, durch welches „exakte Wissen" er sich eben von der Menge der Menschen unterscheide. Womit bescheidet sich im Unterschied zu ihm die Masse seiner Mitbürger? Man darf wohl sagen, daß für ihr Urteil darüber, ob eine menschliche Verhaltensweise richtig oder unrichtig sei, die in dem Gemeinwesen, dem sie angehören, geltenden Sitten und Gesetze (Nomoi) das Maßgebende sind. Weiter denken sie nicht. Etwas Weiteres fordern sie nicht. Nicht nur Euthyphron, auch Sokrates denkt weiter. Im Hinblick auf jenes Allgemeine, das der euthyphronische Anspruch in sich schließt, spricht Sokrates von *dem* Frommen *selbst* oder der *Form* des Frommen als Gegenstand exakten Wissens im Unterschied zur bloßen Bescheidung mit dem, was gilt (sc. als fromm), und charakterisiert die Kenntnis davon als den Besitz „eines Maßstabes, auf den man schauen und mit dem man Handlungen seiner selbst oder irgend eines anderen nach ihrem Werte einschätzen kann, indem man sagen kann, daß so und so eine Handlung fromm ist und eine, die nicht so, nicht" (6e).

Vergegenwärtigt man sich nun das Fürwahrhalten über das Schöne, Gerechte und Fromme menschlichen Handelns, das für die Sokratesfigur von Platons „Apologie" und „Kriton" kennzeichnend ist, so kann einem die Abweichung von dem Interesse des Sokrates des platonischen „Euthyphron" nicht verborgen bleiben. Was den Inhalt von allgemeinen Werturteilen, die sich der genannten drei Schlagworte bedienen, anlangt, wird in „Apologie" und „Kriton" nirgends die Möglichkeit einer Abweichung der sokratischen Meinung von der der Menge angedeutet. Theoretisch scheint sich für Sokrates wie für die Menge „das Moralische" von selbst zu verstehen. Nur handelt Sokrates unbedingt diesem Selbstverständlichen gemäß, die Menge nur, wenn das nicht mit ihrem jeweiligen Sonderinteresse kollidiert. Wo der Sokrates der „Apologie"

und des „Kriton" dem Anspruch eines Spezialwissens auf politischem und moralischem Felde begegnet, demonstriert er erstens sein eigenes Nichtwissen und zweitens das Nichtwissen des vorgegebenen Wissens anderer. Das Resultat ist – für ethische Allgemeinheiten – das anspruchslose Verbleiben bei der herrschenden Meinung. Für den Sokrates des „Euthyphron" hingegen ist charakteristisch, daß darüber hinaus die Aufgabe des Erwerbs wirklichen Wissens im Unterschied zum bloßen Meinen auf dem Felde moralischer Werturteile von ihm als etwas Reelles ernsthaft in Rechnung gezogen wird. Die Notwendigkeit der Suche nach einem *solchen* Wissen ist von Platon etwa ein Jahrzehnt nach der Abfassung von „Apologie" und „Kriton" im „Menon" programmatisch verkündet worden. Am Schluß dieses Werkes wird der Staatsmann und Staatsbürger, der über ein – lehrbares – Wissen im Unterschied zum bloßen richtigen Meinen der gewöhnlichen Staatsmänner und Staatsbürger verfügt, als die wahre Wirklichkeit im Unterschied zu bloßen Schatten gepriesen.

Ein solches von dem gewöhnlichen Meinen unterschiedenes Wissen behauptet Euthyphron mit seinem Trick, die traditionelle Göttersage als Kriterium der Richtigkeit von Vorschriften für menschliches Verhalten zu besitzen. Das schiebt der neue Sokrates des Dialogs „Euthyphron" mit leichter Hand beiseite. Aber wie gesagt, das Problem eines exakten Wissens überhaupt auf moralischem Gebiet im Unterschied zur geltenden Meinung und ihrem Niederschlag in geltenden Gesetzen nimmt er ernst.

Beiseitegeschoben wird die archaische Theologie Homers und Hesiods. Mit leichter Hand, denn so weit waren schon Xenophanes und Aristophanes. An die Spitze der Erörterung des Hauptteils des Dialogs wird der Absolutheits- und Aprioritätsanspruch eines wahren moralischen Werturteils gestellt. Von Sokrates absichtlich – im Banne

des Programms des „Menon", von Euthyphron als Zugeständnis unter dem Druck seines in lächerlicher Art geltend gemachten Anspruchs in eigener Sache – als ein Zugeständnis, dessen Konsequenzen ihm verschleiert sind. Heraus kommt in dem ganzen Dialog, daß der Begriff des Gottgefälligen und Gottgebilligten nicht den Begriff eines Grundes zu einem bestimmenden moralischen Werturteil – eine Handlung ist an sich entweder fromm oder unfromm – ersetzen kann, sondern, um prägnant zu sein, diesen Grund voraussetzt. Es folgt daraus der Satz der untergeordneten Bedeutung oder Zweitrangigkeit des Gottesbegriffs bei der Erörterung von Grundproblemen der Moralphilosophie. Dies ist ein Standpunkt, an dem Platon vom „Euthyphron" ab in seiner ganzen Philosophie festgehalten hat (von den „Nomoi" darf man dabei billigerweise absehen).[1]) Beweis: „Politeia" Buch II und hier speziell Sokrates' Begeisterung in 367 e_6–368 c_7 über Glaukon und Adeimantos.

Es kann kein Zweifel sein, daß wir in dem Motiv und Resultat des „Euthyphron" eine, wenn nicht die Hauptwurzel der sogenannten Ideenlehre des „Phaidon" und der „Politeia" in Händen haben.[2]) –

---

[1] Innerhalb des Dialogs wird auch Euthyphron in den Sog dieses Aspekts gezogen. Wenn er in 10d die Frage, „Wird das Fromme von allen Göttern geliebt, weil es fromm ist?", mit Ja beantwortet, so hängt das davon ab, daß er in 9ab die Berechtigung und Beantwortbarkeit der Frage nach einem ganz deutlichen Kennzeichen, mit dessen Hilfe man einsehen kann, daß alle Götter eine bestimmte Handlung billigen, eingeräumt hat.
In 14b gibt er die Möglichkeit und Notwendigkeit einer Antwort auf Sokrates' Frage nach der Natur jenes allerschönsten Werkes, das die Götter schaffen, indem sie uns als Diener benutzen, zu: Wenn er dann, wegen der Schwierigkeit der Antwort, ausweichend einfach die „rechte" Art des Betens und Opferns ins Spiel bringt, so ist das sachlich – vom Logischen und Methodischen einmal abgesehen – deswegen eine Entgleisung, weil darüber, was hier „recht" ist, nur einheimische Sitte und Brauch etwas bestimmen können. So Platon, Politeia 427bc.

[2] Eine – oder die – andere Wurzel ist die Auffassung der Mathematik als einer rein theoretischen Erkenntnis a priori von wirklichen Tatbeständen („Menon" 82b–85b verbunden mit „Euthydemos" 290c).

Wirft man nun die Frage nach dem Anlaß des „Euthyphron“ und damit das Problem der literarischen Absicht Platons auf, so scheint es ratsam zu sein, sich dafür nach Platons Sonderstellung im Kreise der Sokratiker überhaupt umzusehen. Trotz aller Unterschiede zu Sokrates wird ja Euthyphron in 3a als Freund des Sokrates dargestellt. Andererseits sahen wir, daß Platon im „Menon“, der in dieser Frage vom „Euthyphron“ vorausgesetzt wird, seine Auffassung über die Qualität des Fürwahrhaltens des moralisch Richtigen, das dem moralisch rechten Verhalten zugrunde liegt, gegenüber seiner Ansicht in „Apologie“ und „Kriton“ geändert hatte. Platons sog. 7. Brief setzt uns in die Lage, für diese Änderung seine Erfahrungen auf der großen Reise, die ihn um die Zeit seines 40. Lebensjahres nach Unteritalien und Sizilien geführt hat, verantwortlich zu machen. Nimmt man an, daß Platon mit seiner „Apologie“ und seinem „Kriton“ dem historischen Sokrates verhältnismäßig nahegestanden hat, so wird man nicht leicht mit einer gleichen Veränderung bei anderen Sokratikern, die eine ähnliche Sokratesnähe besessen haben, rechnen. Als ein solcher Sokratiker ist uns Aischines von Sphettos (ebenfalls Athener) bekannt. Auch er hat schon in den 90er Jahren des 4. Jahrhunderts geschrieben. Reste seiner Dialoge besitzen wir vor allem aus dem „Alkibiades“. Hier erscheint Sokrates als Vertreter des guten alten Athenertums, der sich vor allem durch besondere Frömmigkeit auszeichnet, wobei diese Frömmigkeit ganz schlicht als bedingungslose Hingabe an den heimischen Götterglauben und Kult verstanden ist. Es steht fest, daß Platon in dem mit dem „Menon“ etwa gleichzeitigen Dialog „Menexenos“ (der sich selbst auf kurz nach 386 datiert) das dort verwendete Motiv der Aspasia als Lehrerin des Sokrates in der Redekunst aus Aischines' Dialog „Aspasia“ übernommen hat. Steht dies aber fest, so liegt es nahe, sachliche Berührungen des

„Menon“ mit Formulierungen in den Fragmenten von Aischines’ „Alkibiades“ ebenfalls als gewollte Bezugnahme aufzufassen. Die schriftstellerische Absicht solcher Bezugnahmen besteht darin, Platons neues Programm der noch weiter herrschenden alten Sokrates-Auffassung gegenüberzustellen.

Zu Aischines und seinem Sokratesbild haben außer Platon noch andere Sokratiker literarisch Stellung genommen. Platons Freund, Eukleides von Megara, hat einen Dialog „Aischines“ geschrieben. Der ist in hellenistischer und noch späterer Zeit für die Biographie des Sokrates und der Sokratiker benutzt worden, wovon noch das zweite Buch von Diogenes Laertius’ „Leben und Meinungen berühmter Philosophen“ Spuren zeigt. Nach diesen Relikten scheint in diesem Dialog das Problem des historischen Sokrates und des Geistes, in dem man in seinem Sinne nach seinem Tode unter veränderten Umständen weiterzuwirken habe, behandelt worden zu sein. Eukleides selbst wirkte in der Weise, daß er sokratisches Denken mit naturphilosophischer Spekulation verband. Er beschäftigte sich eingehend mit dem alten Naturphilosophen Parmenides; er lehrte, „das Gute sei eine Einheit, die mit vielen Namen benannt werde, bald Einsicht, bald Gott, bald Vernunft und so weiter. Das dem Guten Entgegengesetzte hob er auf, indem er sagte, daß es nicht sei“ (Diogenes Laertius II, 106). Platon geht auf diese naturphilosophische Spekulation im „Phaidon“ (S. 96–99) ein, in der „Politeia“ (6. Buch) und in dem dem Eukleides von Megara – durch ein Einleitungsgespräch, in dem er auftritt – gewidmeten „Theätet“ (sogenannte „Episode“). Der Satz der untergeordneten Bedeutung des Gottesbegriffs bei der Erörterung von Grundproblemen der Moralphilosophie trifft entscheidend auch die Spekulation des Eukleides von Megara. Es läßt sich wohl denken, daß Platon den genannten Satz unter anderem auch im

Hinblick auf Eukleides' Versuch, Naturphilosophie und Moralphilosophie zu identifizieren, entwickelt hat.

Aber Eukleides kann nicht ein Objekt der Auseinandersetzung der Einleitung des „Euthyphron" gewesen sein. In ihr handelt es sich ja kaum um Philosophie, sondern eher um Pseudophilosophie: um die vorgebliche Bedeutung traditioneller Göttersage für die ernsthafte Entscheidung moralischer Fragen. Wir befinden uns hier ganz offensichtlich im Bereich von Parodie und Karikatur.

Es ist nicht das einzige Mal, daß auf solchem Felde bei Platon der Name Euthyphron erscheint. Das andere Mal geschieht es im Dialog „Kratylos". Hier wird zunächst die These entwickelt, daß es eine gewisse Richtigkeit der Zuweisung von Namen an die Sachen gebe, und daß es eine schwierige Kunst oder Wissenschaft sei, einer Sache ihren Namen richtig beizulegen. Danach wird die Frage aufgeworfen, worin diese Richtigkeit bestehen solle. Sich hierüber von den Sophisten, Protagoras und seinen Nachfolgern, belehren zu lassen, wird abgelehnt, und man hält sich statt dessen im Folgenden an die Dichter, speziell Homer und Hesiod. Dieser Versuch, sich über die Richtigkeit der Namengebung bei den Dichtern zu belehren, – 391 d–396 d – geht gegen Ende in die Aufstellung eigentlicher Etymologien über und gibt in diesem Zusammenhang ganz am Schluß – mit deutlicher Orientierung an Hesiod – Etymologien von Götternamen. Für diese letztere Weisheit nun macht Sokrates den Euthyphron verantwortlich, mit dem er seit dem frühen Morgen bis zum Beginn des laufenden Gesprächs zusammengewesen sei. Damit knüpft Platon deutlich an das Ende der Einleitung des „Euthyphron" an, wo Sokrates mit Euthyphron ein weiteres Gespräch über die Göttermythen und ihre Schrecklichkeiten verabredet. In der skizzierten Partie des „Kratylos" haben wir es sichtlich mit der parodischen

Vorführung einer sich orthodox gebenden Homer- und Hesioderklärung zu tun. Homer und Hesiod als Lehrer der richtigen Namengebung für die Dinge, das ist das Gegenstück zu Homer und Hesiod als Lehrer von angeblich richtigen Vorbildern menschlichen Handelns mittels ihrer Göttermythologeme. Die Übereinstimmung der angegebenen „Kratylos"-Partie[1]) und der Einleitung des „Euthyphron" scheint zu beweisen, daß Platon mit seinem Euthyphron auf einen literarischen Autor abzielt, der sich in den Kreisen der Erklärer Homers (und Hesiods) bewegt. Aber Euthyphron schien doch auch ein Freund und Gefährte des Sokrates zu sein! Gibt es eine solche Kombination? Das scheint fraglich, wenn man bedenkt, daß schon Aristophanes das im „Euthyphron" empfohlene Verfahren im Einzelfall als eristischen Trick gekennzeichnet hat.

Allerdings hat die von Platon so bitter und so oft bekämpfte Verwendung Homers zum Zweck moralischer Belehrung und Erziehung doch auch in Sokratikerkreisen Vertreter gehabt. Freilich dienten dazu nicht Homers Göttermythen, sondern ein Heros: Odysseus. Aristippos von Kyrene scheint es vor allem gewesen zu sein, der Odysseus als Vorbild verwendet hat. Dessen Wendigkeit, sein Zurechtkommen in allen Lebenslagen scheint von ihm als vorbildlich für die menschliche Lebensführung gebraucht worden zu sein (Fragment 30 Mannebach, zur Verwendung der Odyssee beachte auch Fragment 23 und 76). Sollte, von diesem Beispiel verführt, ein Sokratiker

---

[1] Übrigens konfrontiert Sokrates im „Kratylos" 396e die an den Dichtern orientierte euthyphronische Lehre von der Natur der Richtigkeit der Namen nicht nur wie eingangs mit einer solchen der Sophisten wie Protagoras und seiner Anhänger, sondern auch mit der von Priestern. Euthyphron selbst ist zwar Seher, aber kein Priester. Er hat kein offizielles Kultamt inne – wie er denn auch nach „Euthyphron" 3c bei dem Unternehmen, in der Volksversammlung den Athenern die Zukunft vorauszusagen, ausgelacht wird.

trotz der von der Komödie im Einzelfall gebrandmarkten Lächerlichkeit doch irgendwie versucht haben, die homerische und hesiodeische Theologie in ähnlicher Weise zur Rechtfertigung der Vorschriften für die menschliche Lebensführung zu verwenden, nachdem die Möglichkeit, bei den einheimischen Gesetzen als der letzten Instanz stehenzubleiben, wie Aischines es tat, im Kreise der Sokratiker – bei Platon und Eukleides – problematisch geworden war? Und war damit dann in die Schußlinie des Parodisten geraten? Diogenes Laertius berichtet in seiner Aischines-Biographie, daß Aischines einen einzigen Anhänger gehabt habe; der hieß Aristoteles und hatte den Übernamen „Der Mythos" (Diog. Laert. II 63 und V 35). Athenaeus erwähnt in seinen „Deipnosophisten" ebenfalls den einzigen Schüler des Aischines – auf Grund einer Verwechslung des Namens Aristoteles mit dem des Nebenbuhlers des berühmtesten Trägers dieses Namens nennt er ihn Xenokrates – und erzählt, daß Platon ihn zu einer Kehrtwendung bewogen habe (507 c).

Wenn nicht so, dann so ähnlich hätte man sich wohl den literarischen Anlaß der Einleitung des „Euthyphron" zu denken. Der von Platon geschickt verhüllte Schnitt zwischen der halb paradoxen, halb absoleten Thematik der Einleitung und der von solchen Zügen unabhängigen These des Hauptteils wäre damit gut verständlich. Dieser geschickten Verhüllung ist der spätantike Autor des Scholions, von dem wir ausgegangen sind, zum Opfer gefallen – wie die Geschichte der Interpretation des „Euthyphron" zeigt, nicht nur er.

Marburg/Lahn *Klaus Reich*

ΕΥΘΥΦΡΩΝ

EUTHYPHRON

ΕΥΘΥΦΡΩΝ

St. I
p. 2

ΕΥΘ. Τί νεώτερον, ὦ Σώκρατες, γέγονεν, ὅτι σὺ τὰς ἐν a
Λυκείῳ καταλιπὼν διατριβὰς ἐνθάδε νῦν διατρίβεις περὶ
τὴν τοῦ βασιλέως στοάν; οὐ γάρ που καὶ σοί γε δίκη τις
οὖσα τυγχάνει πρὸς τὸν βασιλέα ὥσπερ ἐμοί.

ΣΩ. Οὔτοι δὴ Ἀθηναῖοί γε, ὦ Εὐθύφρων, δίκην αὐτὴν καλοῦσιν ἀλλὰ γραφήν.

ΕΥΘ. Τί φῄς; γραφὴν σέ τις, ὡς ἔοικε, γέγραπται· οὐ b
γὰρ ἐκεῖνό γε καταγνώσομαι, ὡς σὺ ἕτερον.

ΣΩ. Οὐ γὰρ οὖν.

ΕΥΘ. Ἀλλὰ σὲ ἄλλος;

ΣΩ. Πάνυ γε.

ΕΥΘ. Τίς οὗτος;

ΣΩ. Οὐδ' αὐτὸς πάνυ τι γιγνώσκω, ὦ Εὐθύφρων, τὸν ἄνδρα, νέος γάρ τίς μοι φαίνεται καὶ ἀγνώς· ὀνομάζουσι μέντοι αὐτόν, ὡς ἐγᾦμαι, Μέλητον. ἔστι δὲ τῶν δήμων Πιτθεύς, εἴ τινα νῷ ἔχεις Πιτθέα Μέλητον οἷον τετανότριχα καὶ οὐ πάνυ εὐγένειον, ἐπίγρυπον δέ.

ΕΥΘ. Οὐκ ἐννοῶ, ὦ Σώκρατες· ἀλλὰ δὴ τίνα γραφήν
σε γέγραπται; c

ΣΩ. Ἥντινα; οὐκ ἀγεννῆ, ἔμοιγε δοκεῖ· τὸ γὰρ νέον ὄντα τοσοῦτον πρᾶγμα ἐγνωκέναι οὐ φαῦλόν ἐστιν. ἐκεῖνος γάρ, ὥς φησιν, οἶδε τίνα τρόπον οἱ νέοι διαφθείρονται καὶ τίνες οἱ διαφθείροντες αὐτούς. καὶ κινδυνεύει σοφός τις

EUTHYPHRON

Personen des Gespräches: Euthyphron, Sokrates

St. I
p. 2
a Euthyphron: Wie kommt es, Sokrates, daß du deine [1]
Liebhaberei im Lykeion im Stich gelassen hast und nun ×
hier vor dem Gerichtsgebäude deine Zeit verbringst? ×
Du hast doch wohl nicht wie ich einen Prozeß beim Gericht?

Sokrates: Die Athener, Euthyphron, nennen es allerdings nicht Prozeß, sondern Anklage.

b Euthyphron: Was sagst du? Es hat dich jemand angeklagt, denn daß du gegen jemand anders klagst, werde ich wohl nicht erleben.

Sokrates: Keineswegs.

Euthyphron: Also ein anderer gegen dich?

Sokrates: Allerdings.

Euthyphron: Wer denn?

Sokrates: Ich kenne den Mann selber gar nicht, Euthyphron, denn er scheint jung und unbekannt zu sein. Er heißt, glaube ich, Meletos. Er stammt aus der Gemeinde
Pitthis. Wenn du dich auf einen Pittheer Meletos be- ×
sinnst: mit strähnigem Haar und dünnem Bart, aber einer Adlernase.

Euthyphron: Ich wüßte nicht, Sokrates. Doch was für
c eine Anklage hat er gegen dich eingereicht?

Sokrates: Was für eine? Keine unedle, scheint mir. Denn in der Jugend schon eine solche Angelegenheit zu durchschauen, das ist keine geringe Sache. Er weiß nämlich, wie er sagt, wodurch die Jugend verdorben wird und wer sie verdirbt. Und vielleicht ist er ja weise und, da er die

εἶναι, καὶ τὴν ἐμὴν ἀμαθίαν κατιδὼν ὡς διαφθείροντος τοὺς
ἡλικιώτας αὐτοῦ, ἔρχεται κατηγορήσων μου ὥσπερ πρὸς
μητέρα πρὸς τὴν πόλιν. καὶ φαίνεταί μοι τῶν πολιτικῶν
μόνος ἄρχεσθαι ὀρθῶς· ὀρθῶς γάρ ἐστι τῶν νέων πρῶτον d
ἐπιμεληθῆναι ὅπως ἔσονται ὅτι ἄριστοι, ὥσπερ γεωργὸν
ἀγαθὸν τῶν νέων φυτῶν εἰκὸς πρῶτον ἐπιμεληθῆναι, μετὰ
δὲ τοῦτο καὶ τῶν ἄλλων. καὶ δὴ καὶ Μέλητος ἴσως πρῶτον
μὲν ἡμᾶς ἐκκαθαίρει τοὺς τῶν νέων τὰς βλάστας διαφθεί- 3
ροντας, ὥς φησιν· ἔπειτα μετὰ τοῦτο δῆλον ὅτι τῶν πρεσ-
βυτέρων ἐπιμεληθεὶς πλείστων καὶ μεγίστων ἀγαθῶν αἴτιος
τῇ πόλει γενήσεται, ὥς γε τὸ εἰκὸς συμβῆναι ἐκ τοιαύτης
ἀρχῆς ἀρξαμένῳ.

ΕΥΘ. Βουλοίμην ἄν, ὦ Σώκρατες, ἀλλ᾽ ὀρρωδῶ μὴ τοὐναντίον γένηται· ἀτεχνῶς γάρ μοι δοκεῖ ἀφ᾽ ἑστίας ἄρχεσθαι κακουργεῖν τὴν πόλιν, ἐπιχειρῶν ἀδικεῖν σέ. καί μοι λέγε, τί καὶ ποιοῦντά σέ φησι διαφθείρειν τοὺς νέους;

ΣΩ. Ἄτοπα, ὦ θαυμάσιε, ὡς οὕτω γ᾽ ἀκοῦσαι. φησὶ γάρ b
με ποιητὴν εἶναι θεῶν, καὶ ὡς καινοὺς ποιοῦντα θεοὺς τοὺς
δ᾽ ἀρχαίους οὐ νομίζοντα ἐγράψατο τούτων αὐτῶν ἕνεκα,
ὥς φησιν.

ΕΥΘ. Μανθάνω, ὦ Σώκρατες· ὅτι δὴ σὺ τὸ δαιμόνιον
φῂς σαυτῷ ἑκάστοτε γίγνεσθαι. ὡς οὖν καινοτομοῦντός
σου περὶ τὰ θεῖα γέγραπται ταύτην τὴν γραφήν, καὶ ὡς
διαβαλῶν δὴ ἔρχεται εἰς τὸ δικαστήριον, εἰδὼς ὅτι εὐδιά-
βολα τὰ τοιαῦτα πρὸς τοὺς πολλούς. καὶ ἐμοῦ γάρ τοι,
ὅταν τι λέγω ἐν τῇ ἐκκλησίᾳ περὶ τῶν θείων, προλέγων c
αὐτοῖς τὰ μέλλοντα, καταγελῶσιν ὡς μαινομένου· καίτοι
οὐδὲν ὅτι οὐκ ἀληθὲς εἴρηκα ὧν προεῖπον, ἀλλ᾽ ὅμως φθο-
νοῦσιν ἡμῖν πᾶσι τοῖς τοιούτοις. ἀλλ᾽ οὐδὲν αὐτῶν χρὴ
φροντίζειν, ἀλλ᾽ ὁμόσε ἰέναι.

ΣΩ. Ὦ φίλε Εὐθύφρων, ἀλλὰ τὸ μὲν καταγελασθῆναι

Torheit sieht, mit der ich seine Altersgenossen verderbe,
geht er mich beim Staat, wie bei der Mutter, verklagen.
Und ich glaube, er ganz allein beginnt seine politische
d Laufbahn richtig; denn es ist der richtige Weg, sich zuerst um die Jugend zu bemühen, daß *sie* gut gerät, so wie
auch ein guter Landwirt sich zuerst um die jungen Pflan-
zen bemüht und danach auch um die anderen. Und wahr-
3 lich, Meletos jätet wohl zuerst uns aus, die wir den Jung-
sproß verderben, wie er sagt. Danach aber wird er sich
dann offenbar um die Älteren bemühen und einer der
größten Wohltäter für den Staat werden, wie es ja doch
wohl enden wird bei einem solchen Start.

EUTHYPHRON: Das wäre ja schön, Sokrates. Aber ich [2]
fürchte, das Gegenteil geschieht; denn er scheint mir damit zu beginnen, den Staat gründlich zu schädigen, wenn
er es unternimmt, dir Unrecht zu tun. Aber sage, womit,
behauptet er, verdirbst du die Jugend?

b SOKRATES: Es klingt seltsam, mein Lieber; er sagt, daß
ich ein Erfinder von Göttern sei, und als einen, der neue
Götter erfindet und die alten nicht ehrt, hat er mich angeklagt; eben deswegen, wie er sagt.

EUTHYPHRON: Ich verstehe, Sokrates, offenbar weil du
sagst, daß dir bisweilen das Wunderzeichen geschieht. Als
einen Revolutionär in Religionssachen hat er dich verklagt, und um ein falsches Bild von dir zu geben, hat er sich
also ans Gericht gewandt. Denn er weiß eben, daß diese
Dinge bei der Menge leicht in ein falsches Licht gerückt
werden können. Auch mich verlachen sie ja wie einen Ir-
c ren, sobald ich in der Volksversammlung etwas über das
Göttliche sage, wenn ich ihnen die Zukunft verkündige.
Und doch habe ich mit meinen Voraussagen nur Wahres
gesagt, trotzdem sehen sie scheel auf all' unseresgleichen;
aber man muß sich nicht um sie kümmern, sondern wei-
termachen.

SOKRATES: Ach, lieber Euthyphron, das Ausgelacht- [3]

ἴσως οὐδὲν πρᾶγμα. Ἀθηναίοις γάρ τοι, ὡς ἐμοὶ δοκεῖ,
οὐ σφόδρα μέλει ἄν τινα δεινὸν οἴωνται εἶναι, μὴ μέντοι
διδασκαλικὸν τῆς αὑτοῦ σοφίας· ὃν δ᾽ ἂν καὶ ἄλλους οἴωνται ποιεῖν τοιούτους, θυμοῦνται, εἴτ᾽ οὖν φθόνῳ ὡς σὺ λέ- d
γεις, εἴτε δι᾽ ἄλλο τι.

ΕΥΘ. Τούτου οὖν πέρι ὅπως ποτὲ πρὸς ἐμὲ ἔχουσιν, οὐ
πάνυ ἐπιθυμῶ πειραθῆναι.

ΣΩ. Ἴσως γὰρ σὺ μὲν δοκεῖς σπάνιον σεαυτὸν παρέχειν
καὶ διδάσκειν οὐκ ἐθέλειν τὴν σεαυτοῦ σοφίαν· ἐγὼ δὲ
φοβοῦμαι μὴ ὑπὸ φιλανθρωπίας δοκῶ αὐτοῖς ὅτιπερ ἔχω
ἐκκεχυμένως παντὶ ἀνδρὶ λέγειν, οὐ μόνον ἄνευ μισθοῦ ἀλλὰ καὶ προστιθεὶς ἂν ἡδέως εἴ τίς μου ἐθέλει ἀκούειν. εἰ
μὲν οὖν, ὃ νυνδὴ ἔλεγον, μέλλοιέν μου καταγελᾶν ὥσπερ
σὺ φῂς σαυτοῦ, οὐδὲν ἂν εἴη ἀηδὲς παίζοντας καὶ γελῶντας e
ἐν τῷ δικαστηρίῳ διαγαγεῖν· εἰ δὲ σπουδάσονται, τοῦτ᾽
ἤδη ὅπῃ ἀποβήσεται ἄδηλον πλὴν ὑμῖν τοῖς μάντεσιν.

ΕΥΘ. Ἀλλ᾽ ἴσως οὐδὲν ἔσται, ὦ Σώκρατες, πρᾶγμα,
ἀλλὰ σύ τε κατὰ νοῦν ἀγωνιῇ τὴν δίκην, οἶμαι δὲ καὶ ἐμὲ
τὴν ἐμήν.

ΣΩ. Ἔστιν δὲ δή σοί, ὦ Εὐθύφρων, τίς ἡ δίκη; φεύγεις
αὐτὴν ἢ διώκεις;

ΕΥΘ. Διώκω.

ΣΩ. Τίνα;

ΕΥΘ. Ὃν διώκων αὖ δοκῶ μαίνεσθαι. 4

ΣΩ. Τί δέ; πετόμενόν τινα διώκεις;

ΕΥΘ. Πολλοῦ γε δεῖ πέτεσθαι, ὅς γε τυγχάνει ὢν εὖ
μάλα πρεσβύτης.

ΣΩ. Τίς οὗτος;

werden hat doch wohl keine Bedeutung; es regt eben die Athener, glaube ich, nicht sehr auf, wenn sie jemanden für einen großen Mann halten, wofern sie der Ansicht sind, daß er seine Weisheit nicht lehren könne. Wenn sie aber glauben, daß einer andere dazu machen kann, dann sind
d sie aufgebracht, vielleicht aus Neid, wie du sagst, vielleicht aus einem anderen Grunde.

Euthyphron: Ich bin nicht besonders neugierig, am eigenen Leibe zu erfahren, wie sie sich in diesem Punkt gegen mich verhalten.

Sokrates: Ohne Zweifel meint man, daß du dich kostbar machst und deine Weisheit *nicht* lehren willst. Von mir aber, fürchte ich, denkt man, daß ich aus Menschenliebe, was immer ich habe, verschwenderisch jedermann mitteile, nicht nur ohne Lohn, sondern sogar noch gegen ein Draufgeld, wenn einer mich anzuhören begehrt. Wie gesagt, wenn sie mich auslachen würden, wie sie es, wie du sagst, mit dir tun, dann wäre es nichts Unangenehmes,
e scherzend und lachend vor Gericht zu stehen. Wenn sie aber mit Ernst dabei sind, dann ist es wohl unklar, was dabei herauskommt – außer für euch Seher.

Euthyphron: Aber das wird gewiß keine große Angelegenheit werden, Sokrates, sondern du wirst deinen Prozeß gut und recht durchfechten und ich, denke ich, den meinen.

Sokrates: Was für einen Prozeß hast du denn, Euthy- [4]
phron? Bist du Angeklagter oder Ankläger?

Euthyphron: Ankläger.

Sokrates: Und wen verfolgst du?

4 Euthyphron: Jemanden, den zu verfolgen, Wahnsinn scheint.

Sokrates: Wieso? Verfolgst du einen, der fliegen kann?

Euthyphron: Alles andere als fliegen, denn es ist ein sehr alter Mann.

Sokrates: Wer denn?

ΕΥΘ. Ὁ ἐμὸς πατήρ.

ΣΩ. Ὁ σός, ὦ βέλτιστε;

ΕΥΘ. Πάνυ μὲν οὖν.

ΣΩ. Ἔστιν δὲ τί τὸ ἔγκλημα καὶ τίνος ἡ δίκη;

ΕΥΘ. Φόνου, ὦ Σώκρατες.

ΣΩ. Ἡράκλεις. ἦ που, ὦ Εὐθύφρων, ἀγνοεῖται ὑπὸ τῶν πολλῶν ὅπῃ ποτὲ ὀρθῶς ἔχει· οὐ γὰρ οἶμαί γε τοῦ ἐπιτυχόντος [ὀρθῶς] αὐτὸ πρᾶξαι ἀλλὰ πόρρω που ἤδη σοφίας b ἐλαύνοντος.

ΕΥΘ. Πόρρω μέντοι νὴ Δία, ὦ Σώκρατες.

ΣΩ. Ἔστιν δὲ δὴ τῶν οἰκείων τις ὁ τεθνεὼς ὑπὸ τοῦ σοῦ πατρός; ἢ δῆλα δή; οὐ γὰρ ἄν που ὑπέρ γε ἀλλοτρίου ἐπεξῄσθα φόνου αὐτῷ.

ΕΥΘ. Γελοῖον, ὦ Σώκρατες, ὅτι οἴει τι διαφέρειν εἴτε ἀλλότριος εἴτε οἰκεῖος ὁ τεθνεώς, ἀλλ' οὐ τοῦτο μόνον δεῖν φυλάττειν, εἴτε ἐν δίκῃ ἔκτεινεν ὁ κτείνας εἴτε μή, καὶ εἰ μὲν ἐν δίκῃ, ἐᾶν, εἰ δὲ μή, ἐπεξιέναι, ἐάνπερ ὁ κτείνας συνέστιός σοι καὶ ὁμοτράπεζος ᾖ· ἴσον γὰρ τὸ μίασμα γίγνεται c ἐὰν συνῇς τῷ τοιούτῳ συνειδὼς καὶ μὴ ἀφοσιοῖς σεαυτόν τε καὶ ἐκεῖνον τῇ δίκῃ ἐπεξιών. ἐπεὶ ὅ γε ἀποθανὼν πελάτης τις ἦν ἐμός, καὶ ὡς ἐγεωργοῦμεν ἐν τῇ Νάξῳ, ἐθήτευεν ἐκεῖ παρ' ἡμῖν. παροινήσας οὖν καὶ ὀργισθεὶς τῶν οἰκετῶν τινι τῶν ἡμετέρων ἀποσφάττει αὐτόν. ὁ οὖν πατὴρ συνδήσας τοὺς πόδας καὶ τὰς χεῖρας αὐτοῦ, καταβαλὼν εἰς τάφρον τινά, πέμπει δεῦρο ἄνδρα πευσόμενον τοῦ ἐξηγητοῦ ὅτι χρείη ποιεῖν. ἐν δὲ τούτῳ τῷ χρόνῳ τοῦ δεδεμένου ὠλιγώ- d ρει τε καὶ ἠμέλει ὡς ἀνδροφόνου καὶ οὐδὲν ὂν πρᾶγμα εἰ καὶ ἀποθάνοι, ὅπερ οὖν καὶ ἔπαθεν· ὑπὸ γὰρ λιμοῦ καὶ ῥίγους καὶ

Euthyphron: Mein Vater.

Sokrates: Dein Vater, mein Bester?

Euthyphron: Freilich.

Sokrates: Was ist denn der Anklagepunkt und worum dreht sich der Prozeß?

Euthyphron: Mord, Sokrates.

Sokrates: Großer Gott, Euthyphron, da sind die Leute
doch aber sehr im unklaren, was hier das Rechte ist; ich
wenigstens glaube nicht, daß der erste beste hier richtig
b handeln kann, sondern dazu muß man wohl schon weit in
der Weisheit vorangeschritten sein.

Euthyphron: Allerdings weit, Sokrates.

Sokrates: Der Mann, der durch deinen Vater umgekommen ist, ist wohl ein Verwandter von dir? Aber sicher; denn du hättest deinen Vater wohl nicht eines Fremden wegen auf Mord verklagt.

Euthyphron: Wie lächerlich, Sokrates, daß du glaubst,
daß es etwas ausmacht, ob der Tote ein Fremder oder ein
Verwandter ist, und es nicht vielmehr darauf ankommt, ob
der Tötende mit Recht getötet hat oder nicht; und, wenn
mit Recht, ihn in Frieden zu lassen, wenn aber nicht, gegen ihn vorzugehen, zumal wenn der Tötende ein Herd-
und Tischgenosse von dir ist! Denn du wirst dir dieselbe
c Befleckung zuziehen, wenn du als Mitwisser mit so einem
Umgang pflegst und nicht dich selbst und jenen durch Erhebung der Anklage reinigst. Übrigens war der Tote ein
Tagelöhner von mir. Als wir auf Naxos das Land bewirtschafteten, diente er dort bei uns. Im Rausch also ergrimmt der über einen unserer Diener und schlägt ihn tot.
Mein Vater läßt ihn an Händen und Füßen fesseln und in
eine Grube werfen und schickt dann einen Mann hierher,
der vom Richter in Erfahrung bringen soll, was zu tun sei.
d In der Zwischenzeit aber kümmert er sich überhaupt nicht
um den Gefesselten, denn der sei doch ein Mörder, und es
sei doch gleichgültig, wenn er auch stürbe. Und so kam es

τῶν δεσμῶν ἀποθνήσκει πρὶν τὸν ἄγγελον παρὰ τοῦ ἐξηγητοῦ ἀφικέσθαι. ταῦτα δὴ οὖν καὶ ἀγανακτεῖ ὅ τε πατὴρ καὶ
οἱ ἄλλοι οἰκεῖοι, ὅτι ἐγὼ ὑπὲρ τοῦ ἀνδροφόνου τῷ πατρὶ
φόνου ἐπεξέρχομαι οὔτε ἀποκτείναντι, ὥς φασιν ἐκεῖνοι,
οὔτ' εἰ ὅτι μάλιστα ἀπέκτεινεν, ἀνδροφόνου γε ὄντος τοῦ
ἀποθανόντος, οὐ δεῖν φροντίζειν ὑπὲρ τοῦ τοιούτου – ἀνόσιον γὰρ εἶναι τὸ ὑὸν πατρὶ φόνου ἐπεξιέναι – κακῶς εἰδό- e
τες, ὦ Σώκρατες, τὸ θεῖον ὡς ἔχει τοῦ ὁσίου τε πέρι καὶ
τοῦ ἀνοσίου.

ΣΩ. Σὺ δὲ δὴ πρὸς Διός, ὦ Εὐθύφρων, οὑτωσὶ ἀκριβῶς οἴει ἐπίστασθαι περὶ τῶν θείων ὅπῃ ἔχει, καὶ τῶν ὁσίων τε καὶ ἀνοσίων, ὥστε τούτων οὕτω πραχθέντων ὡς σὺ λέγεις, οὐ φοβῇ δικαζόμενος τῷ πατρὶ ὅπως μὴ αὖ σὺ ἀνόσιον πρᾶγμα τυγχάνῃς πράττων;

ΕΥΘ. Οὐδὲν γάρ ἄν μου ὄφελος εἴη, ὦ Σώκρατες, οὐδέ τῳ ἂν διαφέροι Εὐθύφρων τῶν πολλῶν ἀνθρώπων, εἰ μὴ τὰ τοιαῦτα πάντα ἀκριβῶς εἰδείην.

ΣΩ. Ἆρ' οὖν μοι, ὦ θαυμάσιε Εὐθύφρων, κράτιστόν
ἐστι μαθητῇ σῷ γενέσθαι, καὶ πρὸ τῆς γραφῆς τῆς πρὸς
Μέλητον αὐτὰ ταῦτα προκαλεῖσθαι αὐτόν, λέγοντα ὅτι
ἔγωγε καὶ ἐν τῷ ἔμπροσθεν χρόνῳ τὰ θεῖα περὶ πολλοῦ
ἐποιούμην εἰδέναι, καὶ νῦν ἐπειδή με ἐκεῖνος αὐτοσχεδιά-
ζοντά φησι καὶ καινοτομοῦντα περὶ τῶν θείων ἐξαμαρτάνειν,
μαθητὴς δὴ γέγονα σός – "καὶ εἰ μέν, ὦ Μέλητε," φαίην
ἄν, "Εὐθύφρονα ὁμολογεῖς σοφὸν εἶναι τὰ τοιαῦτα, [καὶ] b
ὀρθῶς νομίζειν καὶ ἐμὲ ἡγοῦ καὶ μὴ δικάζου· εἰ δὲ μή,
ἐκείνῳ τῷ διδασκάλῳ λάχε δίκην πρότερον ἢ ἐμοί, ὡς τοὺς
πρεσβυτέρους διαφθείροντι ἐμέ τε καὶ τὸν αὑτοῦ πατέρα,

denn auch. Vor Hunger und Kälte, gegen die er sich nicht wehren kann, stirbt er, bevor der Bote von dem Richter zurückkehrt. Und nun sind mein Vater und meine Verwandten eben darüber empört, daß ich wegen eines Mörders den Vater auf Mord verklage, wo er ihn doch gar nicht getötet habe, sagen sie, und, selbst wenn er es getan hätte, gar nicht genötigt gewesen wäre, auf ihn Rücksicht zu nehmen, weil der Getötete ein Mörder war. Unfromm sei es, wenn der Sohn gegen den Vater wegen Mordes vorgehe.
e Aber sie haben keine Ahnung, Sokrates, wie es mit dem göttlichen Recht hinsichtlich des Frommen und Unfrommen bestellt ist.

SOKRATES: Du aber, bei Gott, Euthyphron, glaubst so genau über die Natur des göttlichen Rechts und des Frommen und Unfrommen Bescheid zu wissen, daß du gar keine Angst hast, bei einer solchen Handlungsweise, wie du berichtest, dem Prozeß gegen den Vater, deinerseits eine unfromme Tat zu begehen.

EUTHYPHRON: Ja, da wäre ich wohl nicht viel wert, Sokrates, und Euthyphron unterschiede sich ja gar nicht von der Masse der Menschen, wenn ich alles Derartige nicht genau wüßte.

SOKRATES: Dann ist es ja wohl für mich, großer Euthy- [5]
phron, das beste, dein Schüler zu werden und vor dem eigentlichen Verfahren Meletos gegenüber eben daran zu appellieren, daß ich schon in der vergangenen Zeit großen Wert darauf gelegt hätte, über das Göttliche Bescheid zu wissen, und jetzt, wo er behauptet, daß ich als Dilettant und Neuerer in göttlichen Dingen irre, dein Schüler geworden sei; und „wenn du, o Meletos", würde ich sagen,
b „zugestehst, daß Euthyphron in diesen Dingen weise ist und sich richtig verhält, dann halte auch mich dafür und verfolge mich nicht weiter. Wenn aber nicht, dann mache du ihm, meinem Lehrer, vor mir den Prozeß als einem, der die Alten verdirbt, mich und seinen Vater, mich durch

ἐμὲ μὲν διδάσκοντι, ἐκεῖνον δὲ νουθετοῦντί τε καὶ κολάζοντι" – καὶ ἂν μή μοι πείθηται μηδὲ ἀφίῃ τῆς δίκης ἢ ἀντ' ἐμοῦ γράφηται σέ, αὐτὰ ταῦτα λέγειν ἐν τῷ δικαστηρίῳ ἃ προυκαλούμην αὐτόν;

ΕΥΘ. Ναὶ μὰ Δία, ὦ Σώκρατες, εἰ ἄρα ἐμὲ ἐπιχειρήσειε γράφεσθαι, εὕροιμ' ἄν, ὡς οἶμαι, ὅπῃ σαθρός ἐστιν, c
καὶ πολὺ ἂν ἡμῖν πρότερον περὶ ἐκείνου λόγος ἐγένετο ἐν τῷ δικαστηρίῳ ἢ περὶ ἐμοῦ.

ΣΩ. Καὶ ἐγώ τοι, ὦ φίλε ἑταῖρε, ταῦτα γιγνώσκων μαθητὴς ἐπιθυμῶ γενέσθαι σός, εἰδὼς ὅτι καὶ ἄλλος πού τις καὶ ὁ Μέλητος οὗτος σὲ μὲν οὐδὲ δοκεῖ ὁρᾶν, ἐμὲ δὲ οὕτως ὀξέως [ἀτεχνῶς] καὶ ῥᾳδίως κατεῖδεν ὥστε ἀσεβείας ἐγράψατο. νῦν οὖν πρὸς Διὸς λέγε μοι ὃ νυνδὴ σαφῶς εἰδέναι διισχυρίζου, ποῖόν τι τὸ εὐσεβὲς φῂς εἶναι καὶ τὸ ἀσεβὲς καὶ περὶ φόνου καὶ περὶ τῶν ἄλλων; ἢ οὐ ταὐτόν ἐστιν ἐν d
πάσῃ πράξει τὸ ὅσιον αὐτὸ αὑτῷ, καὶ τὸ ἀνόσιον αὖ τοῦ μὲν ὁσίου παντὸς ἐναντίον, αὐτὸ δὲ αὑτῷ ὅμοιον καὶ ἔχον μίαν τινὰ ἰδέαν κατὰ τὴν ἀνοσιότητα πᾶν ὅτιπερ ἂν μέλλῃ ἀνόσιον εἶναι;

ΕΥΘ. Πάντως δήπου, ὦ Σώκρατες.

ΣΩ. Λέγε δή, τί φῂς εἶναι τὸ ὅσιον καὶ τί τὸ ἀνόσιον;

ΕΥΘ. Λέγω τοίνυν ὅτι τὸ μὲν ὅσιόν ἐστιν ὅπερ ἐγὼ νῦν ποιῶ, τῷ ἀδικοῦντι ἢ περὶ φόνους ἢ περὶ ἱερῶν κλοπὰς ἤ τι ἄλλο τῶν τοιούτων ἐξαμαρτάνοντι ἐπεξιέναι, ἐάντε πατὴρ ὢν τυγχάνῃ ἐάντε μήτηρ ἐάντε ἄλλος ὁστισοῦν, τὸ δὲ μὴ e
ἐπεξιέναι ἀνόσιον· ἐπεί, ὦ Σώκρατες, θέασαι ὡς μέγα σοι ἐρῶ τεκμήριον τοῦ νόμου ὅτι οὕτως ἔχει – ὃ καὶ ἄλλοις ἤδη εἶπον, ὅτι ταῦτα ὀρθῶς ἂν εἴη οὕτω γιγνόμενα – μὴ ἐπιτρέπειν τῷ ἀσεβοῦντι μηδ' ἂν ὁστισοῦν τυγχάνῃ ὤν. αὐτοὶ γὰρ οἱ ἄνθρωποι τυγχάνουσι νομίζοντες τὸν Δία τῶν θεῶν ἀρι-

Lehren, ihn durch Schmähung und Strafe"; und wenn er mir nicht folgt und von dem Prozeß abläßt oder statt meiner dich anklagt, dann werde ich eben dieses vor dem Gericht sagen, womit ich an ihn appelliert hatte.

EUTHYPHRON: Beim Zeus, Sokrates, wenn er versuchen würde, mich anzuklagen, würde ich, denke ich, seinen
c schwachen Punkt schon herausfinden, und es wäre vor Gericht weit mehr über ihn die Rede als über mich.

SOKRATES: Und eben, lieber Freund, weil ich dies weiß, möchte ich dein Schüler werden, da ich sehe, daß, wie mancher andere, auch jener Meletos dich gar nicht zu sehen vorgibt, mich aber so wahrhaft scharfsichtig und mühelos durchschaut, daß er mich der Gottlosigkeit beschuldigen konnte. Nun aber sage mir, bei Gott, was du so sicher zu wissen behauptest: Was, meinst du, ist das Fromme und Unfromme in einer Mordsache und in allen übrigen Fäl-
d len? Denn ist nicht bei jeder Handlung das Fromme etwas mit sich Identisches und das Unfromme etwas allem Frommen Entgegengesetztes, sich selbst aber Gleiches, und hat nicht alles, was immer unfromm sein mag, eine einheitliche Form als Unfrommes?

EUTHYPHRON: Allerdings, Sokrates.

SOKRATES: Nun, was, meinst du, ist das Fromme und [6]
was das Unfromme?

EUTHYPHRON: Ich meine also, daß das Fromme das ist, was ich jetzt mache, gegen den, der durch Mord oder Tempelraub oder etwas Derartiges sich eines Vergehens schuldig gemacht hat, vorzugehen, sei es auch zufällig der eigene
e Vater oder die Mutter oder sonstwer; gegen ihn aber nicht vorzugehen, das ist unfromm. Denn sieh nur, Sokrates, was für ein gutes Kennzeichen für die Richtigkeit der Vorschrift ich dir sagen werde, daß man dem Unfrommen, wer immer er auch sei, nichts zugute halten darf – ich habe es auch schon anderen angegeben, um ihnen zu zeigen, daß dieses Verhalten richtig ist. Die Menschen halten doch ge-

στον καὶ δικαιότατον, καὶ τοῦτον ὁμολογοῦσι τὸν αὑτοῦ πατέρα δῆσαι ὅτι τοὺς ὑεῖς κατέπινεν οὐκ ἐν δίκῃ, κἀκεῖνόν γε αὖ τὸν αὑτοῦ πατέρα ἐκτεμεῖν δι' ἕτερα τοιαῦτα· ἐμοὶ δὲ χαλεπαίνουσιν ὅτι τῷ πατρὶ ἐπεξέρχομαι ἀδικοῦντι, καὶ οὕτως αὐτοὶ αὑτοῖς τὰ ἐναντία λέγουσι περί τε τῶν θεῶν καὶ περὶ ἐμοῦ. 6

ΣΩ. Ἆρά γε, ὦ Εὐθύφρων, τοῦτ' ἔστιν [οὗ] οὕνεκα τὴν γραφὴν φεύγω, ὅτι τὰ τοιαῦτα ἐπειδάν τις περὶ τῶν θεῶν λέγῃ, δυσχερῶς πως ἀποδέχομαι; διὸ δή, ὡς ἔοικε, φήσει τίς με ἐξαμαρτάνειν. νῦν οὖν εἰ καὶ σοὶ ταῦτα συνδοκεῖ τῷ εὖ εἰδότι περὶ τῶν τοιούτων, ἀνάγκη δή, ὡς ἔοικε, καὶ ἡμῖν b συγχωρεῖν. τί γὰρ καὶ φήσομεν, οἵ γε καὶ αὐτοὶ ὁμολογοῦμεν περὶ αὐτῶν μηδὲν εἰδέναι; ἀλλά μοι εἰπὲ πρὸς Φιλίου, σὺ ὡς ἀληθῶς ἡγῇ ταῦτα οὕτως γεγονέναι;

ΕΥΘ. Καὶ ἔτι γε τούτων θαυμασιώτερα, ὦ Σώκρατες, ἃ οἱ πολλοὶ οὐκ ἴσασιν.

ΣΩ. Καὶ πόλεμον ἆρα ἡγῇ σὺ εἶναι τῷ ὄντι ἐν τοῖς θεοῖς πρὸς ἀλλήλους, καὶ ἔχθρας γε δεινὰς καὶ μάχας καὶ ἄλλα τοιαῦτα πολλά, οἷα λέγεταί τε ὑπὸ τῶν ποιητῶν, καὶ ὑπὸ τῶν ἀγαθῶν γραφέων τά τε ἄλλα ἱερὰ ἡμῖν καταπεποίκιλται, c καὶ δὴ καὶ τοῖς μεγάλοις Παναθηναίοις ὁ πέπλος μεστὸς τῶν τοιούτων ποικιλμάτων ἀνάγεται εἰς τὴν ἀκρόπολιν; ταῦτα ἀληθῆ φῶμεν εἶναι, ὦ Εὐθύφρων;

ΕΥΘ. Μὴ μόνον γε, ὦ Σώκρατες, ἀλλ' ὅπερ ἄρτι εἶπον, καὶ ἄλλα σοι ἐγὼ πολλά, ἐάνπερ βούλῃ, περὶ τῶν θείων διηγήσομαι, ἃ σὺ ἀκούων εὖ οἶδ' ὅτι ἐκπλαγήσῃ.

ΣΩ. Οὐκ ἂν θαυμάζοιμι. ἀλλὰ ταῦτα μέν μοι εἰς αὖθις ἐπὶ σχολῆς διηγήσῃ· νυνὶ δὲ ὅπερ ἄρτι σε ἠρόμην πειρῶ

6 rade den Zeus für den besten und gerechtesten der Götter
und gestehen doch zu, daß er seinen Vater in Fesseln gelegt habe, weil der seine Söhne gegen alles Recht ver-
schluckt hatte, und daß dieser hinwiederum seinen Vater
kastriert hat wegen anderer solcher Geschichten. Mir aber
nehmen sie es übel, daß ich gegen meinen Vater wegen
eines Unrechts vorgehe, und so sind ihre Urteile über die
Götter und über mich doch in völligem Widerstreit.

SOKRATES: Meinst du nicht, Euthyphron, daß ich gerade deswegen angeklagt bin, weil ich es ganz und gar
nicht gelten lassen mag, wenn jemand derartiges von den
Göttern erzählt, und freilich wird jemand, wie es scheint,
sagen, daß ich hierin fehle. Aber wenn du der gleichen Mei-
b nung bist, wo du so gut über derartiges Bescheid weißt,
muß unsereiner das wohl auch einräumen. Was sollen wir
auch sagen, die wir doch selbst eingestehen, daß wir nichts
darüber wissen? Aber sage mir bei aller Liebe, glaubst du
wirklich, daß jene Dinge alle so geschehen sind?

EUTHYPHRON: Und noch viel Erstaunlicheres, Sokrates,
wovon die Leute keine Ahnung haben.

SOKRATES: Und du glaubst also, daß wirklich Krieg unter den Göttern herrscht und fürchterliche Feindschaften
und Kämpfe und tausend Derartiges, was die Dichter erzählen und womit unsere guten Freunde, die Maler, unsere
c Tempel uns geschmückt haben; denk nur an das Gewand
der Athene, das an ihrem Fest in der Prozession auf die
Akropolis getragen wird und voll ist von solchen Male-
reien. Wollen wir sagen, daß dies alles wahr ist, Euthyphron?

EUTHYPHRON: Nicht nur das, Sokrates, sondern wie
schon gesagt, wenn du wünschst, will ich dir noch vieles
andere über das Göttliche erzählen, was du sicher nur mit
dem größten Schrecken hörst.

SOKRATES: Das sollte mich nicht wundern. Doch das [7]
wirst du mir ein andermal in Muße erzählen. Jetzt aber

σαφέστερον εἰπεῖν. οὐ γάρ με, ὦ ἑταῖρε, τὸ πρότερον d
ἱκανῶς ἐδίδαξας ἐρωτήσαντα τὸ ὅσιον ὅτι ποτ' εἴη, ἀλλά μοι εἶπες ὅτι τοῦτο τυγχάνει ὅσιον ὂν ὃ σὺ νῦν ποιεῖς, φόνου ἐπεξιὼν τῷ πατρί.

ΕΥΘ. Καὶ ἀληθῆ γε ἔλεγον, ὦ Σώκρατες.

ΣΩ. Ἴσως. ἀλλὰ γάρ, ὦ Εὐθύφρων, καὶ ἄλλα πολλὰ φῂς εἶναι ὅσια.

ΕΥΘ. Καὶ γὰρ ἔστιν.

ΣΩ. Μέμνησαι οὖν ὅτι οὐ τοῦτό σοι διεκελευόμην, ἕν τι ἢ δύο με διδάξαι τῶν πολλῶν ὁσίων, ἀλλ' ἐκεῖνο αὐτὸ τὸ εἶδος ᾧ πάντα τὰ ὅσια ὅσιά ἐστιν; ἔφησθα γάρ που μιᾷ ἰδέᾳ τά τε ἀνόσια ἀνόσια εἶναι καὶ τὰ ὅσια ὅσια· ἢ οὐ μνημονεύ- e
εις;

ΕΥΘ. Ἔγωγε.

ΣΩ. Ταύτην τοίνυν με αὐτὴν δίδαξον τὴν ἰδέαν τίς ποτέ ἐστιν, ἵνα εἰς ἐκείνην ἀποβλέπων καὶ χρώμενος αὐτῇ παραδείγματι, ὃ μὲν ἂν τοιοῦτον ᾖ ὧν ἂν ἢ σὺ ἢ ἄλλος τις πράττῃ φῶ ὅσιον εἶναι, ὃ δ' ἂν μὴ τοιοῦτον, μὴ φῶ.

ΕΥΘ. Ἀλλ' εἰ οὕτω βούλει, ὦ Σώκρατες, καὶ οὕτω σοι φράσω.

ΣΩ. Ἀλλὰ μὴν βούλομαί γε.

ΕΥΘ. Ἔστι τοίνυν τὸ μὲν τοῖς θεοῖς προσφιλὲς ὅσιον,
τὸ δὲ μὴ προσφιλὲς ἀνόσιον. 7

ΣΩ. Παγκάλως, ὦ Εὐθύφρων, καὶ ὡς ἐγὼ ἐζήτουν ἀποκρίνασθαί σε, οὕτω νῦν ἀπεκρίνω. εἰ μέντοι ἀληθῶς, τοῦτο οὔπω οἶδα, ἀλλὰ σὺ δῆλον ὅτι ἐπεκδιδάξεις ὡς ἔστιν ἀληθῆ ἃ λέγεις.

ΕΥΘ. Πάνυ μὲν οὖν.

versuche das, was ich dich eben gefragt habe, deutlicher
d zu sagen. Denn, mein Lieber, bezüglich meiner vorigen Frage, was das Fromme sei, hast du mich nicht hinreichend belehrt, sondern du hast mir gesagt, daß, was du jetzt tust, gegen den Vater wegen Mordes vorgehen, eine fromme Handlung sei.

EUTHYPHRON: Und mit Recht habe ich das gesagt, Sokrates.

SOKRATES: Möglich. Aber, Euthyphron, du könntest doch noch von vielem anderen sagen, daß es fromm sei.

EUTHYPHRON: Ja, das gibt es doch auch.

SOKRATES: Erinnere dich doch bitte, daß ich nicht von dir verlangt habe, mir eine oder zwei von den mannigfachen frommen Handlungen anzugeben, sondern eben jene Form selber, wodurch alles Fromme fromm ist! Denn hast du nicht gesagt, daß durch eine einheitliche Form das
e Unfromme unfromm und das Fromme fromm ist, oder entsinnst du dich nicht?

EUTHYPHRON: Doch.

SOKRATES: Dann lehre mich doch, worin diese Form besteht; denn dann werde ich einen Maßstab haben, auf den ich schauen und mit dem ich Handlungen, seien es deine oder irgend eines anderen, schätzen kann, und werde sagen können, daß so und so eine Handlung fromm ist und eine, die nicht so ist, nicht.

EUTHYPHRON: Aber wenn du es so willst, Sokrates, will ich es dir auch so sagen.

SOKRATES: Freilich will ich.

EUTHYPHRON: Es ist also das den Göttern Liebe fromm
7 und das ihnen nicht Liebe unfromm.

SOKRATES: Sehr schön, Euthyphron, du hast mir ganz so geantwortet, wie ich es von dir verlangt habe, ob jedoch richtig, das weiß ich noch nicht. Aber du beweist doch wohl, daß du mir die richtige Lehre gegeben hast.

EUTHYPHRON: Allerdings.

ΣΩ. Φέρε δή, ἐπισκεψώμεθα τί λέγομεν. τὸ μὲν θεοφιλές τε καὶ θεοφιλὴς ἄνθρωπος ὅσιος, τὸ δὲ θεομισὲς καὶ ὁ θεομισὴς ἀνόσιος· οὐ ταὐτὸν δ' ἐστίν, ἀλλὰ τὸ ἐναντιώτατον, τὸ ὅσιον τῷ ἀνοσίῳ· οὐχ οὕτως;

ΕΥΘ. Οὕτω μὲν οὖν.

ΣΩ. Καὶ εὖ γε φαίνεται εἰρῆσθαι;

ΕΥΘ. Δοκῶ, ὦ Σώκρατες. [εἴρηται γάρ.] b

ΣΩ. Οὐκοῦν καὶ ὅτι στασιάζουσιν οἱ θεοί, ὦ Εὐθύφρων, καὶ διαφέρονται ἀλλήλοις καὶ ἔχθρα ἐστὶν ἐν αὐτοῖς πρὸς ἀλλήλους, καὶ τοῦτο εἴρηται;

ΕΥΘ. Εἴρηται γάρ.

ΣΩ. Ἔχθραν δὲ καὶ ὀργάς, ὦ ἄριστε, ἡ περὶ τίνων
διαφορὰ ποιεῖ; ὧδε δὲ σκοπῶμεν. ἆρ' ἂν εἰ διαφεροίμεθα
ἐγώ τε καὶ σὺ περὶ ἀριθμοῦ ὁπότερα πλείω, ἡ περὶ τούτων
διαφορὰ ἐχθροὺς ἂν ἡμᾶς ποιοῖ καὶ ὀργίζεσθαι ἀλλήλοις, ἢ
ἐπὶ λογισμὸν ἐλθόντες περί γε τῶν τοιούτων ταχὺ ἂν ἀπαλ-
λαγεῖμεν; c

ΕΥΘ. Πάνυ γε.

ΣΩ. Οὐκοῦν καὶ περὶ τοῦ μείζονος καὶ ἐλάττονος εἰ διαφεροίμεθα, ἐπὶ τὸ μετρεῖν ἐλθόντες ταχὺ παυσαίμεθ' ἂν τῆς διαφορᾶς;

ΕΥΘ. Ἔστι ταῦτα.

ΣΩ. Καὶ ἐπί γε τὸ ἱστάναι ἐλθόντες, ὡς ἐγῷμαι, περὶ τοῦ βαρυτέρου τε καὶ κουφοτέρου διακριθεῖμεν ἄν;

ΕΥΘ. Πῶς γὰρ οὔ;

ΣΩ. Περὶ τίνος δὲ δὴ διενεχθέντες καὶ ἐπὶ τίνα κρίσιν
οὐ δυνάμενοι ἀφικέσθαι ἐχθροί γε ἂν ἀλλήλοις εἶμεν καὶ
ὀργιζοίμεθα; ἴσως οὐ πρόχειρόν σοί ἐστιν, ἀλλ' ἐμοῦ λέγοντος σκόπει εἰ τάδε ἐστὶ τό τε δίκαιον καὶ τὸ ἄδικον καὶ d
καλὸν καὶ αἰσχρὸν καὶ ἀγαθὸν καὶ κακόν. ἆρα οὐ ταῦτά

SOKRATES: Schön, wir wollen betrachten, was wir sagen; [8]
das Gottgeliebte oder der gottgeliebte Mensch ist fromm, das Gottverhaßte oder der gottverhaßte Mensch unfromm. Das Fromme ist aber doch nicht dasselbe wie das Unfromme, sondern ihm vollkommen entgegengesetzt?

EUTHYPHRON: So ist es.

SOKRATES: Und so scheint es doch gut gesagt zu sein.

b EUTHYPHRON: Mir scheint es, Sokrates.

SOKRATES: Freilich doch auch, daß die Götter im Kampf miteinander liegen und daß sie Zwistigkeiten und Feindschaften miteinander haben – war das nicht auch gesagt?

EUTHYPHRON: Ja.

SOKRATES: Worüber ist man denn verschiedener Meinung, wenn man in Feindschaft und Unwillen miteinander lebt? Das wollen wir betrachten. Wenn du und ich über eine Zahl – welche von zwei Mengen umfassender ist – verschiedener Ansicht sind, würde eine Meinungsverschiedenheit darüber uns zu Feinden machen und in Wut gegeneinander bringen, oder würden wir nicht zur Rechnung
c schreiten und schnell aller Sorgen ledig werden?

EUTHYPHRON: Gewiß.

SOKRATES: Und wenn wir über eine Größenfrage verschiedener Meinung wären, würden wir doch wohl ans Messen gehen und so schnell allen Streit beenden?

EUTHYPHRON: Allerdings.

SOKRATES: Und wenn wir zum Wägen schritten, denke ich, würden wir eine Streitfrage über Gewichtsverhältnisse schlichten können?

EUTHYPHRON: Natürlich.

SOKRATES: Worüber müssen wir denn verschiedener Meinung sein und nicht zu einer Schlichtung kommen können, um feindselig und zornig gegeneinander zu werden? Vielleicht ist es dir nicht ohne weiteres klar. Aber erwäge
d einmal mit mir, ob es nicht das Gerechte und Ungerechte,
das Schöne und Häßliche, das Wohlgetane und Schlechte

ἐστιν περὶ ὧν διενεχθέντες καὶ οὐ δυνάμενοι ἐπὶ ἱκανὴν κρίσιν αὐτῶν ἐλθεῖν ἐχθροὶ ἀλλήλοις γιγνόμεθα, ὅταν γιγνώμεθα, καὶ ἐγὼ καὶ σὺ καὶ οἱ ἄλλοι ἄνθρωποι πάντες;

ΕΥΘ. Ἀλλ' ἔστιν αὕτη ἡ διαφορά, ὦ Σώκρατες, καὶ περὶ τούτων.

ΣΩ. Τί δὲ οἱ θεοί, ὦ Εὐθύφρων; οὐκ εἴπερ τι διαφέρονται, δι' αὐτὰ ταῦτα διαφέροιντ' ἄν;

ΕΥΘ. Πολλὴ ἀνάγκη.

ΣΩ. Καὶ τῶν θεῶν ἄρα, ὦ γενναῖε Εὐθύφρων, ἄλλοι e
ἄλλα δίκαια ἡγοῦνται κατὰ τὸν σὸν λόγον, καὶ καλὰ καὶ
αἰσχρὰ καὶ ἀγαθὰ καὶ κακά· οὐ γὰρ ἄν που ἐστασίαζον
ἀλλήλοις εἰ μὴ περὶ τούτων διεφέροντο· ἦ γάρ;

ΕΥΘ. Ὀρθῶς λέγεις.

ΣΩ. Οὐκοῦν ἅπερ καλὰ ἡγοῦνται ἕκαστοι καὶ ἀγαθὰ καὶ δίκαια, ταῦτα καὶ φιλοῦσιν, τὰ δὲ ἐναντία τούτων μισοῦσιν;

ΕΥΘ. Πάνυ γε.

ΣΩ. Ταὐτὰ δέ γε, ὡς σὺ φῄς, οἱ μὲν δίκαια ἡγοῦνται,
οἱ δὲ ἄδικα, περὶ ἃ καὶ ἀμφισβητοῦντες στασιάζουσί τε καὶ 8
πολεμοῦσιν ἀλλήλοις· ἆρα οὐχ οὕτω;

ΕΥΘ. Οὕτω.

ΣΩ. Ταὔτ' ἄρα, ὡς ἔοικεν, μισεῖταί τε ὑπὸ τῶν θεῶν καὶ φιλεῖται, καὶ θεομισῆ τε καὶ θεοφιλῆ ταὔτ' ἂν εἴη.

ΕΥΘ. Ἔοικεν.

ΣΩ. Καὶ ὅσια ἄρα καὶ ἀνόσια τὰ αὐτὰ ἂν εἴη, ὦ Εὐθύφρων, τούτῳ τῷ λόγῳ.

ΕΥΘ. Κινδυνεύει.

ΣΩ. Οὐκ ἄρα ὃ ἠρόμην ἀπεκρίνω, ὦ θαυμάσιε. οὐ γὰρ τοῦτό γε ἠρώτων, ὃ τυγχάνει ταὐτὸν ὂν ὅσιόν τε καὶ ἀνό-

ist. Werden wir *deswegen* nicht, wenn wir *darüber* verschiedener Meinung sind und nicht zu einer hinreichenden Entscheidung kommen, im gegebenen Falle Feinde miteinander, du und ich und so alle anderen Menschen?

EUTHYPHRON: Gewiß, Sokrates, das ist der Punkt, um den es sich dabei dreht.

SOKRATES: Und wie meinst du, Euthyphron: wenn die Götter Meinungsverschiedenheiten haben, hätten sie sie nicht eben deswegen?

EUTHYPHRON: Natürlich.

e SOKRATES: Und nach deiner Ausführung, würdiger Mann, halten die Götter, je nach Art, Verschiedenartiges für gerecht und schön und häßlich und gut und schlecht, denn sie könnten ja wohl nicht miteinander in Streit geraten, wenn sie nicht hierüber Differenzen hätten, wie?

EUTHYPHRON: Ganz richtig.

SOKRATES: Und was sie jeweils für schön und wohlgetan und recht halten, das lieben sie auch und das Gegenteil hassen sie, nicht wahr?

EUTHYPHRON: Gewiß.

SOKRATES: Und dasselbe doch, wie du sagst, halten die
8 einen für gerecht, die anderen für ungerecht, und darüber streitend haben sie Händel und Kämpfe miteinander, ist es nicht so?

EUTHYPHRON: Genau so.

SOKRATES: Dasselbe also, wie es scheint, wird von den Göttern gehaßt und geliebt, und dasselbe wäre zugleich gottverhaßt und gottgeliebt.

EUTHYPHRON: So scheint es.

SOKRATES: Und dasselbe wäre also sowohl fromm wie unfromm, Euthyphron, nach deiner Rede.

EUTHYPHRON: Es scheint.

SOKRATES: Also hast du mir, mein Lieber, keine Ant- [9]
wort auf meine Frage gegeben, denn danach habe ich dich doch nicht gefragt, was, ohne daß es sich dabei ändert, so-

σιον· ὃ δ' ἂν θεοφιλὲς ᾖ καὶ θεομισές ἐστιν, ὡς ἔοικεν. ὥστε, ὦ Εὐθύφρων, ὃ σὺ νῦν ποιεῖς τὸν πατέρα κολάζων, b
οὐδὲν θαυμαστὸν εἰ τοῦτο δρῶν τῷ μὲν Διὶ προσφιλὲς ποιεῖς, τῷ δὲ Κρόνῳ καὶ τῷ Οὐρανῷ ἐχθρόν, καὶ τῷ μὲν Ἡφαίστῳ φίλον, τῇ δὲ Ἥρᾳ ἐχθρόν, καὶ εἴ τις ἄλλος τῶν θεῶν ἕτερος ἑτέρῳ διαφέρεται περὶ αὐτοῦ, καὶ ἐκείνοις κατὰ τὰ αὐτά.

ΕΥΘ. Ἀλλ' οἶμαι, ὦ Σώκρατες, περί γε τούτου τῶν θεῶν οὐδένα ἕτερον ἑτέρῳ διαφέρεσθαι, ὡς οὐ δεῖ δίκην διδόναι ἐκεῖνον ὃς ἂν ἀδίκως τινὰ ἀποκτείνῃ.

ΣΩ. Τί δέ; ἀνθρώπων, ὦ Εὐθύφρων, ἤδη τινὸς ἤκουσας ἀμφισβητοῦντος ὡς τὸν ἀδίκως ἀποκτείναντα ἢ ἄλλο ἀδί- c
κως ποιοῦντα ὁτιοῦν οὐ δεῖ δίκην διδόναι;

ΕΥΘ. Οὐδὲν μὲν οὖν παύονται ταῦτα ἀμφισβητοῦντες καὶ ἄλλοθι καὶ ἐν τοῖς δικαστηρίοις· ἀδικοῦντες γὰρ πάμπολλα, πάντα ποιοῦσι καὶ λέγουσι φεύγοντες τὴν δίκην.

ΣΩ. Ἦ καὶ ὁμολογοῦσιν, ὦ Εὐθύφρων, ἀδικεῖν, καὶ ὁμολογοῦντες ὅμως οὐ δεῖν φασὶ σφᾶς διδόναι δίκην;

ΕΥΘ. Οὐδαμῶς τοῦτό γε.

ΣΩ. Οὐκ ἄρα πᾶν γε ποιοῦσι καὶ λέγουσι· τοῦτο γὰρ οἶμαι οὐ τολμῶσι λέγειν οὐδ' ἀμφισβητεῖν, ὡς οὐχὶ εἴπερ ἀδικοῦσί γε δοτέον δίκην, ἀλλ' οἶμαι οὔ φασιν ἀδικεῖν· ἢ d
γάρ;

ΕΥΘ. Ἀληθῆ λέγεις.

ΣΩ. Οὐκ ἄρα ἐκεῖνό γε ἀμφισβητοῦσιν, ὡς οὐ τὸν ἀδικοῦντα δεῖ διδόναι δίκην, ἀλλ' ἐκεῖνο ἴσως ἀμφισβητοῦσιν, τὸ τίς ἐστιν ὁ ἀδικῶν καὶ τί δρῶν καὶ πότε.

ΕΥΘ. Ἀληθῆ λέγεις.

wohl fromm wie unfromm sein kann; allerdings was gottgeliebt ist, ist zugleich auch gottverhaßt, dem Anschein nach. Da ist es denn, Euthyphron, auch nicht verwunder-
b lich, daß deine jetzige Strafaktion gegen deinen Vater dem Zeus lieb ist, dem Kronos und dem Uranos aber verhaßt, und dem Hephaistos lieb, der Hera aber verhaßt, und analog wird es in allen anderen Fällen stehen, wo ein Gott mit dem anderen eine derartige Differenz hat.

EUTHYPHRON: Aber ich glaube doch, Sokrates, darüber streitet kein Gott mit einem anderen, daß einer, der rechtswidrig jemanden getötet hat, bestraft werden muß.

SOKRATES: Aber Euthyphron! Ist dir schon ein Mensch begegnet, der daran zweifelt, daß jemand, der rechts-
c widrig getötet hat oder sonst etwas Unrechtes getan hat, bestraft werden muß?

EUTHYPHRON: Aber sie hören doch gar nicht auf, darüber zu streiten, vor allem vor den Gerichtsschranken. Was stellen sie nicht alles an und sagen sie nicht alles, wenn sie Unrecht getan haben, um der Strafe zu entgehen!

SOKRATES: Ja, aber geben sie denn zu, Euthyphron, daß sie im Unrecht sind, und behaupten sie denn, wenn sie das zugestehen, daß sie gleichwohl nicht bestraft werden müßten?

EUTHYPHRON: Nein, das natürlich nicht.

SOKRATES: Also stellen sie nicht alles mögliche an, denn das, glaube ich, wagen sie nicht zu sagen und darum zu streiten, daß sie, wenn sie Unrecht getan haben, nicht
d Strafe leiden müßten; sondern ich denke, sie leugnen ihr Unrecht, wie?

EUTHYPHRON: Das stimmt.

SOKRATES: Also das bestreiten sie gar nicht, daß der Rechtsbrecher bestraft werden muß, sondern darum streiten sie, wer in irgend einem Falle im Unrecht ist und mit welcher Tat und unter welchen Umständen.

EUTHYPHRON: Gewiß.

ΣΩ. Οὐκοῦν αὐτά γε ταῦτα καὶ οἱ θεοὶ πεπόνθασιν,
εἴπερ στασιάζουσι περὶ τῶν δικαίων καὶ ἀδίκων ὡς ὁ σὸς
λόγος, καὶ οἱ μέν φασιν ἀλλήλους ἀδικεῖν, οἱ δὲ οὔ φασιν;
ἐπεὶ ἐκεῖνό γε δήπου, ὦ θαυμάσιε, οὐδεὶς οὔτε θεῶν οὔτε
ἀνθρώπων τολμᾷ λέγειν, ὡς οὐ τῷ γε ἀδικοῦντι δοτέον
δίκην. e

ΕΥΘ. Ναί, τοῦτο μὲν ἀληθὲς λέγεις, ὦ Σώκρατες, τό
γε κεφάλαιον.

ΣΩ. Ἀλλ' ἕκαστόν γε οἶμαι, ὦ Εὐθύφρων, τῶν πραχθέντων ἀμφισβητοῦσιν οἱ ἀμφισβητοῦντες, καὶ ἄνθρωποι καὶ θεοί, εἴπερ ἀμφισβητοῦσιν θεοί· πράξεώς τινος πέρι διαφερόμενοι οἱ μὲν δικαίως φασὶν αὐτὴν πεπρᾶχθαι, οἱ δὲ ἀδίκως· ἆρ' οὐχ οὕτω;

ΕΥΘ. Πάνυ γε.

ΣΩ. Ἴθι νυν, ὦ φίλε Εὐθύφρων, δίδαξον καὶ ἐμέ, ἵνα 9
σοφώτερος γένωμαι, τί σοι τεκμήριόν ἐστιν ὡς πάντες θεοὶ
ἡγοῦνται ἐκεῖνον ἀδίκως τεθνάναι, ὃς ἂν θητεύων ἀνδρο-
φόνος γενόμενος, συνδεθεὶς ὑπὸ τοῦ δεσπότου τοῦ ἀποθανόντος, φθάσῃ τελευτήσας διὰ τὰ δεσμὰ πρὶν τὸν συνδή-
σαντα παρὰ τῶν ἐξηγητῶν περὶ αὐτοῦ πυθέσθαι τί χρὴ
ποιεῖν, καὶ ὑπὲρ τοῦ τοιούτου δὴ ὀρθῶς ἔχει ἐπεξιέναι
καὶ ἐπισκήπτεσθαι φόνου τὸν ὑὸν τῷ πατρί; ἴθι, περὶ τούτων πειρῶ τί μοι σαφὲς ἐνδείξασθαι ὡς παντὸς μᾶλλον b
πάντες θεοὶ ἡγοῦνται ὀρθῶς ἔχειν ταύτην τὴν πρᾶξιν· κἂν
μοι ἱκανῶς ἐνδείξῃ, ἐγκωμιάζων σε ἐπὶ σοφίᾳ οὐδέποτε
παύσομαι.

ΕΥΘ. Ἀλλ' ἴσως οὐκ ὀλίγον ἔργον ἐστίν, ὦ Σώκρατες, ἐπεὶ πάνυ γε σαφῶς ἔχοιμι ἂν ἐπιδεῖξαί σοι.

ΣΩ. Μανθάνω· ὅτι σοι δοκῶ τῶν δικαστῶν δυσμαθέστερος εἶναι, ἐπεὶ ἐκείνοις γε ἐνδείξῃ δῆλον ὅτι ὡς ἄδικά

Sokrates: Steht es nun nicht ebenso mit den Göttern, wenn sie über Recht und Unrecht streiten, wie deine Rede geht; auch sie bezichtigen einander des Unrechts oder bestreiten es? Denn das, mein Bester, wagt doch *keiner*, weder ein Mensch noch ein Gott, zu vertreten, daß der
e Rechtsbrecher nicht bestraft werden müßte.

Euthyphron: Ja, damit hast du allerdings in der Hauptsache recht.

Sokrates: Aber jede einzelne Handlung, denke ich, Euthyphron, machen die Streitenden zum Streitobjekt, sowohl Menschen wie Götter, *wenn* die Götter im Streit liegen; von einer bestimmten Handlung behauptet eine Partei, daß sie recht, die andere, daß sie unrecht getan sei; ist es nicht so?

Euthyphron: Ja.

9 Sokrates: Nun denn, lieber Euthyphron, dann belehre [10]
mich auch, damit ich weiser werde, was dir das Kennzeichen dafür ist, daß alle Götter glauben, daß ein Mann zu Unrecht den Tod erleidet, der, als Tagelöhner nach Begehung eines Mordes von dem Herrn des Ermordeten in Fesseln gelegt, schließlich infolge der Fesselung stirbt, bevor jener, der ihn in Verwahrung genommen hat, vom Gericht die Auskunft bekommen hat, was mit ihm geschehen soll; und daß es also recht getan ist, für einen derartigen Menschen als Sohn gegen den Vater vorzugehen und ihn auf Mord zu verklagen. Das versuche mir doch bitte ganz
b deutlich zu zeigen, daß wirklich alle Götter glauben, daß eben diese besondere Handlung recht sei. Wenn du mir das bündig beweist, dann will ich niemals aufhören, dich als weise zu preisen.

Euthyphron: Das führt doch wohl wirklich zu weit, Sokrates, wenn ich es dir natürlich an sich auch zeigen könnte.

Sokrates: Ich verstehe. Du hältst mich für schwieriger zu belehren als die Richter; denn denen wirst du es natür-

τέ ἐστιν καὶ οἱ θεοὶ ἅπαντες τὰ τοιαῦτα μισοῦσιν.

ΕΥΘ. Πάνυ γε σαφῶς, ὦ Σώκρατες, ἐάνπερ ἀκούωσί γέ μου λέγοντος.

ΣΩ. Ἀλλ' ἀκούσονται, ἐάνπερ εὖ δοκῇς λέγειν. τόδε δέ c
σου ἐνενόησα ἅμα λέγοντος καὶ πρὸς ἐμαυτὸν σκοπῶ· "Εἰ ὅτι μάλιστά με Εὐθύφρων διδάξειεν ὡς οἱ θεοὶ ἅπαντες τὸν τοιοῦτον θάνατον ἡγοῦνται ἄδικον εἶναι, τί μᾶλλον ἐγὼ μεμάθηκα παρ' Εὐθύφρονος τί ποτ' ἐστὶν τὸ ὅσιόν τε καὶ τὸ ἀνόσιον; θεομισὲς μὲν γὰρ τοῦτο τὸ ἔργον, ὡς ἔοικεν, εἴη ἄν. ἀλλὰ γὰρ οὐ τούτῳ ἐφάνη ἄρτι ὡρισμένα τὸ ὅσιον καὶ μή· τὸ γὰρ θεομισὲς ὂν καὶ θεοφιλὲς ἐφάνη." ὥστε τούτου μὲν ἀφίημί σε, ὦ Εὐθύφρων· εἰ βούλει, πάντες αὐτὸ ἡγείσθων θεοὶ ἄδικον καὶ πάντες μισούντων. ἀλλ' d
ἆρα τοῦτο ὃ νῦν ἐπανορθούμεθα ἐν τῷ λόγῳ – ὡς ὃ μὲν ἂν πάντες οἱ θεοὶ μισῶσιν ἀνόσιόν ἐστιν, ὃ δ' ἂν φιλῶσιν, ὅσιον· ὃ δ' ἂν οἱ μὲν φιλῶσιν οἱ δὲ μισῶσιν, οὐδέτερα ἢ ἀμφότερα – ἆρ' οὕτω βούλει ἡμῖν ὡρίσθαι νῦν περὶ τοῦ ὁσίου καὶ τοῦ ἀνοσίου;

ΕΥΘ. Τί γὰρ κωλύει, ὦ Σώκρατες;

ΣΩ. Οὐδὲν ἐμέ γε, ὦ Εὐθύφρων, ἀλλὰ σὺ δὴ τὸ σὸν σκόπει, εἰ τοῦτο ὑποθέμενος οὕτω ῥᾷστά με διδάξεις ὃ ὑπέσχου.

ΕΥΘ. Ἀλλ' ἔγωγε φαίην ἂν τοῦτο εἶναι τὸ ὅσιον ὃ ἂν e
πάντες οἱ θεοὶ φιλῶσιν, καὶ τὸ ἐναντίον, ὃ ἂν πάντες θεοὶ μισῶσιν, ἀνόσιον.

ΣΩ. Οὐκοῦν ἐπισκοπῶμεν αὖ τοῦτο, ὦ Εὐθύφρων, εἰ καλῶς λέγεται, ἢ ἐῶμεν καὶ οὕτω ἡμῶν τε αὐτῶν ἀποδεχώμεθα καὶ τῶν ἄλλων, ἐὰν μόνον φῇ τίς τι ἔχειν οὕτω

lich beweisen, daß jener Fall ein Unrecht ist und die Götter alle ihn hassen.

EUTHYPHRON: Natürlich, Sokrates, wenn sie nur auf meine Worte hören werden.

c SOKRATES: Aber sie werden auf dich hören, wenn du den Eindruck machst, daß du vernünftig sprichst. Das aber fiel mir bei deinen Worten auf und erwäge ich bei mir selbst: Wenn mich Euthyphron noch so sehr belehrt haben mag, daß alle Götter die besprochene Tötung für Unrecht halten, was habe ich damit von Euthyphron darüber gelernt, was *das* Fromme und *das* Unfromme ist? Gottverhaßt wäre dann dem Anschein nach dieser besondere Einzelfall. Aber es hatte sich uns das Fromme und Unfromme nicht als hierdurch definiert herausgestellt, hatte sich doch das Gottverhaßte als zugleich auch gottgeliebt gezeigt. – Deshalb entbinde ich dich davon, o Euthyphron, und wenn du willst, mögen alle Götter diesen Fall für un-
d recht halten und alle ihn hassen. Aber diese Verbesserung, die wir in unserer Rede eben anbringen, daß das, was alle Götter hassen, unfromm sei und, was sie lieben, fromm, was aber die einen lieben und die anderen hassen, keines von beiden oder beides sei – willst du, daß wir jetzt so das Fromme und das Unfromme definieren?

EUTHYPHRON: Was hindert uns, Sokrates?

SOKRATES: Mich gewiß nichts, Euthyphron, aber du sieh zu, ob, wenn du dies zur Grundlage nimmst, du mich am leichtesten das lehren kannst, was du versprochen hast.

e EUTHYPHRON: Ich möchte denn also sagen, daß das das Fromme sei, was alle Götter lieben, und das Entgegengesetzte, was alle Götter hassen, unfromm.

SOKRATES: Wollen wir uns nicht wieder ansehen, ob dies [11]
richtig gesprochen ist, oder wollen wir es gut sein lassen und uns selbst und die übrigen so bescheiden, wenn immer irgend einer etwas behauptet, daß wir es einfach einräu-

συγχωροῦντες ἔχειν; ἢ σκεπτέον τί λέγει ὁ λέγων;

ΕΥΘ. Σκεπτέον· οἶμαι μέντοι ἔγωγε τοῦτο νυνὶ καλῶς λέγεσθαι.

ΣΩ. Τάχ᾿, ὠγαθέ, βέλτιον εἰσόμεθα. ἐννόησον γὰρ τὸ τοιόνδε· ἆρα τὸ ὅσιον ὅτι ὅσιόν ἐστιν φιλεῖται ὑπὸ τῶν θεῶν, ἢ ὅτι φιλεῖται ὅσιόν ἐστιν;

ΕΥΘ. Οὐκ οἶδ᾿ ὅτι λέγεις, ὦ Σώκρατες.

ΣΩ. ᾿Αλλ᾿ ἐγὼ πειράσομαι σαφέστερον φράσαι. λεγόμέν τι φερόμενον καὶ φέρον καὶ ἀγόμενον καὶ ἄγον καὶ ὁρώμενον καὶ ὁρῶν καὶ πάντα τὰ τοιαῦτα μανθάνεις ὅτι ἕτερα ἀλλήλων ἐστὶ καὶ ᾗ ἕτερα;

ΕΥΘ. ῎Εγωγέ μοι δοκῶ μανθάνειν.

ΣΩ. Οὐκοῦν καὶ φιλούμενόν τί ἐστιν καὶ τούτου ἕτερον τὸ φιλοῦν;

ΕΥΘ. Πῶς γὰρ οὔ;

ΣΩ. Λέγε δή μοι, πότερον τὸ φερόμενον διότι φέρεται b
φερόμενόν ἐστιν, ἢ δι᾿ ἄλλο τι;

ΕΥΘ. Οὔκ, ἀλλὰ διὰ τοῦτο.

ΣΩ. Καὶ τὸ ἀγόμενον δὴ διότι ἄγεται, καὶ τὸ ὁρώμενον διότι ὁρᾶται;

ΕΥΘ. Πάνυ γε.

ΣΩ. Οὐκ ἄρα διότι ὁρώμενόν γέ ἐστιν, διὰ τοῦτο ὁρᾶται, ἀλλὰ τὸ ἐναντίον διότι ὁρᾶται, διὰ τοῦτο ὁρώμενον· οὐδὲ διότι ἀγόμενόν ἐστιν, διὰ τοῦτο ἄγεται, ἀλλὰ διότι ἄγεται, διὰ τοῦτο ἀγόμενον· οὐδὲ διότι φερόμενον φέρεται, ἀλλὰ διότι φέρεται φερόμενον. ἆρα κατάδηλον, ὦ Εὐθύφρων, ὃ
βούλομαι λέγειν; βούλομαι δὲ τόδε, ὅτι εἴ τι γίγνεται ἤ τι c

men? oder müssen wir betrachten, was mit einer Behauptung gesagt ist?

EUTHYPHRON: Das müssen wir. Ich glaube allerdings, daß dies hier jetzt richtig gesagt ist.

10 SOKRATES: Das, mein Lieber, werden wir gleich besser [12]
wissen. Erwäge indessen folgendes: Wird das Fromme,
weil es fromm ist, von den Göttern geliebt, oder ist es
fromm, weil es von ihnen geliebt wird?

EUTHYPHRON: Ich verstehe nicht, was du sagst, Sokrates.

SOKRATES: Ich will versuchen, es deutlicher zu sagen. Wir sagen doch, daß es etwas Getragenes gibt und etwas Tragendes und etwas Geführtes und etwas Führendes und etwas Gesehenes und etwas Sehendes; und von allem diesen verstehst du, daß es verschieden von einander ist und inwiefern verschieden.

EUTHYPHRON: Ich denke, ich verstehe.

SOKRATES: Und gibt es nicht auch etwas Geliebtes und, von diesem verschieden, das es Liebende?

EUTHYPHRON: Natürlich.

b SOKRATES: Dann sage mir doch, ob das Getragene, weil
es getragen wird, etwas Getragenes ist, oder aus einem anderen Grunde.

EUTHYPHRON: Nein, eben deswegen.

SOKRATES: Und entsprechend das Geführte, weil es geführt wird, und das Gesehene, weil es gesehen wird?

EUTHYPHRON: Allerdings.

SOKRATES: Nicht also, weil es etwas Gesehenes ist, wird
es deswegen gesehen, sondern im Gegenteil, weil es gesehen wird, deswegen ist es etwas Gesehenes; und nicht
weil es etwas Geführtes ist, wird es deswegen geführt, sondern weil es geführt wird, deswegen ist es etwas Geführtes;
und nicht weil es etwas Getragenes ist, wird es getragen,
sondern weil es getragen wird, ist es etwas Getragenes. Ist
c es nun klar, Euthyphron, was ich sagen will? Nämlich daß,

πάσχει, οὐχ ὅτι γιγνόμενόν ἐστι γίγνεται, ἀλλ' ὅτι γίγνεται γιγνόμενόν ἐστιν· οὐδ' ὅτι πάσχον ἐστὶ πάσχει, ἀλλ' ὅτι πάσχει πάσχον ἐστίν· ἢ οὐ συγχωρεῖς οὕτω;

ΕΥΘ. Ἔγωγε.

ΣΩ. Οὐκοῦν καὶ τὸ φιλούμενον ἢ γιγνόμενόν τί ἐστιν ἢ πάσχον τι ὑπό του;

ΕΥΘ. Πάνυ γε.

ΣΩ. Καὶ τοῦτο ἄρα οὕτως ἔχει ὥσπερ τὰ πρότερα· οὐχ ὅτι φιλούμενόν ἐστιν φιλεῖται ὑπὸ ὧν φιλεῖται, ἀλλ' ὅτι φιλεῖται φιλούμενον;

ΕΥΘ. Ἀνάγκη.

ΣΩ. Τί δὴ οὖν λέγομεν περὶ τοῦ ὁσίου, ὦ Εὐθύφρων; d
ἄλλο τι φιλεῖται ὑπὸ θεῶν πάντων, ὡς ὁ σὸς λόγος;

ΕΥΘ. Ναί.

ΣΩ. Ἆρα διὰ τοῦτο, ὅτι ὅσιόν ἐστιν, ἢ δι' ἄλλο τι;

ΕΥΘ. Οὔκ, ἀλλὰ διὰ τοῦτο.

ΣΩ. Διότι ἄρα ὅσιόν ἐστιν φιλεῖται, ἀλλ' οὐχ ὅτι φιλεῖται, διὰ τοῦτο ὅσιόν ἐστιν;

ΕΥΘ. Ἔοικεν.

ΣΩ. Ἀλλὰ μὲν δὴ διότι γε φιλεῖται ὑπὸ θεῶν φιλούμενόν ἐστι καὶ θεοφιλές.

ΕΥΘ. Πῶς γὰρ οὔ;

ΣΩ. Οὐκ ἄρα τὸ θεοφιλὲς ὅσιόν ἐστιν, ὦ Εὐθύφρων, οὐδὲ τὸ ὅσιον θεοφιλές, ὡς σὺ λέγεις, ἀλλ' ἕτερον τοῦτο τούτου.

ΕΥΘ. Πῶς δή, ὦ Σώκρατες; e

ΣΩ. Ὅτι ὁμολογοῦμεν τὸ μὲν ὅσιον διὰ τοῦτο φιλεῖσθαι, ὅτι ὅσιόν ἐστιν, ἀλλ' οὐ διότι φιλεῖται ὅσιον εἶναι· ἦ γάρ;

ΕΥΘ. Ναί.

wenn ein Ding etwas wird oder etwas erleidet, nicht, weil es ein Werdendes ist, es wird, sondern, weil es wird, ein Werdendes ist; und nicht, weil es leidend ist, es leidet, sondern, weil es leidet, leidend ist, oder räumst du das nicht ein?

EUTHYPHRON: Doch.

SOKRATES: Und ist nicht auch das Geliebte etwas, mit dem etwas wird oder was etwas von etwas leidet?

EUTHYPHRON: Doch, sicherlich.

SOKRATES: Und geht's mit diesem nicht ebenso wie mit dem vorigen? Es wird doch nicht etwas, weil es ein Geliebtes ist, von denen geliebt, von denen es geliebt wird, sondern weil es geliebt wird, ist es ein Geliebtes.

EUTHYPHRON: Natürlich.

d SOKRATES: Was sagen wir nun über das Fromme, Euthyphron? Wird es nicht von allen Göttern geliebt nach deiner Erklärung?

EUTHYPHRON: Ja.

SOKRATES: Deswegen, weil es fromm ist, oder aus einem anderen Grunde?

EUTHYPHRON: Nein, eben deswegen.

SOKRATES: Also weil es fromm ist, wird es geliebt, aber nicht weil es geliebt wird, ist es deswegen fromm.

EUTHYPHRON: So scheint es.

SOKRATES: Aber deswegen, weil es von den Göttern geliebt wird, ist es etwas Geliebtes und den Göttern Liebes.

EUTHYPHRON: Freilich.

SOKRATES: Nicht also ist das Gottgeliebte das Fromme, noch das Fromme das Gottgeliebte, wie du sagst, sondern das eine ist von dem anderen verschieden.

e EUTHYPHRON: Wieso, Sokrates?

SOKRATES: Weil wir zugestanden haben, daß einerseits das Fromme deswegen geliebt wird, weil es fromm ist, aber nicht, weil es geliebt wird, fromm ist, nicht wahr?

EUTHYPHRON: Ja.

ΣΩ. Τὸ δέ γε θεοφιλὲς ὅτι φιλεῖται ὑπὸ θεῶν, αὐτῷ
τούτῳ τῷ φιλεῖσθαι θεοφιλὲς εἶναι, ἀλλ' οὐχ ὅτι θεοφιλές,
διὰ τοῦτο φιλεῖσθαι.

ΕΥΘ. Ἀληθῆ λέγεις.

ΣΩ. Ἀλλ' εἴ γε ταὐτὸν ἦν, ὦ φίλε Εὐθύφρων, τὸ θεοφιλὲς καὶ τὸ ὅσιον, εἰ μὲν διὰ τὸ ὅσιον εἶναι ἐφιλεῖτο τὸ
ὅσιον, καὶ διὰ τὸ θεοφιλὲς εἶναι ἐφιλεῖτο ἂν τὸ θεοφιλές, εἰ 11
δὲ διὰ τὸ φιλεῖσθαι ὑπὸ θεῶν τὸ θεοφιλὲς θεοφιλὲς ἦν, καὶ
τὸ ὅσιον ἂν διὰ τὸ φιλεῖσθαι ὅσιον ἦν· νῦν δὲ ὁρᾷς ὅτι
ἐναντίως ἔχετον, ὡς παντάπασιν ἑτέρω ὄντε ἀλλήλων. τὸ
μὲν γάρ, ὅτι φιλεῖται, ἐστὶν οἷον φιλεσ θαι· τὸ δ' ὅτι ἐστὶν
οἷον φιλεῖσθαι, διὰ τοῦτο φιλεῖται. καὶ κινδυνεύεις, ὦ
Εὐθύφρων, ἐρωτώμενος τὸ ὅσιον ὅτι ποτ' ἐστίν, τὴν μὲν
οὐσίαν μοι αὐτοῦ οὐ βούλεσθαι δηλῶσαι, πάθος δέ τι περὶ
αὐτοῦ λέγειν, ὅτι πέπονθε τοῦτο τὸ ὅσιον, φιλεῖσθαι ὑπὸ
πάντων θεῶν· ὅτι δὲ ὄν, οὔπω εἶπες. εἰ οὖν σοι φίλον, μή b
με ἀποκρύψῃ ἀλλὰ πάλιν εἰπὲ ἐξ ἀρχῆς τί ποτε ὂν τὸ ὅσιον
εἴτε φιλεῖται ὑπὸ θεῶν εἴτε ὁτιδὴ πάσχει – οὐ γὰρ περὶ
τούτου διοισόμεθα – ἀλλ' εἰπὲ προθύμως τί ἐστιν τό τε
ὅσιον καὶ τὸ ἀνόσιον;

ΕΥΘ. Ἀλλ', ὦ Σώκρατες, οὐκ ἔχω ἔγωγε ὅπως σοι εἴπω ὃ νοῶ· περιέρχεται γάρ πως ἡμῖν ἀεὶ ὃ ἂν προθώμεθα καὶ οὐκ ἐθέλει μένειν ὅπου ἂν ἱδρυσώμεθα αὐτό.

ΣΩ. Τοῦ ἡμετέρου προγόνου, ὦ Εὐθύφρων, ἔοικεν
εἶναι Δαιδάλου τὰ ὑπὸ σοῦ λεγόμενα. καὶ εἰ μὲν αὐτὰ ἐγὼ c
ἔλεγον καὶ ἐτιθέμην, ἴσως ἄν με ἐπέσκωπτες ὡς ἄρα καὶ

SOKRATES: Und daß andererseits das Gottgeliebte, weil [13]
es von den Göttern geliebt wird, eben durch dieses sein
Geliebtwerden gottgeliebt ist, und nicht, weil es gottgeliebt ist, deswegen geliebt wird.

EUTHYPHRON: Das stimmt.

SOKRATES: Aber wenn das Gottgeliebte und das Fromme
dasselbe wäre, lieber Euthyphron, dann würde, wenn das
Fromme wegen seines Frommseins geliebt würde, auch das
11 den Göttern Liebe wegen des den Göttern Liebseins geliebt und dann wäre, wenn das den Göttern Liebe wegen
des von den Göttern Geliebtwerdens den Göttern lieb
wäre, auch das Fromme wegen des Geliebtwerdens fromm.
Nun aber siehst du, daß sie sich entgegengesetzt verhalten,
weil sie durchaus verschieden von einander sind. Denn das
eine ist, weil es geliebt wird, liebenswert, das andere aber
wird, weil es liebenswert ist, geliebt. Und es sieht so aus,
Euthyphron, als ob du auf die Frage, was das Fromme sei,
mir nicht sein Wesen angeben willst, sondern irgend eine
es betreffende Zufälligkeit nennst, die eben diesem Frommen zufällt, nämlich von allen Göttern geliebt zu werden.
b Was es aber dabei an sich ist, hast du doch nicht gesagt.
Wenn es dir nun lieb ist, so verheimliche mir das nicht,
sondern sage noch einmal ganz von vorn, was denn nun
das Fromme seinem Wesen nach ist, um dann noch von
den Göttern geliebt zu werden oder was ihm sonst zufallen
mag. Denn darüber werden wir nicht in Streit geraten;
aber sage unverdrossen, was ist das Fromme und das Unfromme?

EUTHYPHRON: Ach, Sokrates, ich kann dir gar nicht
sagen, was ich denke, denn immer läuft uns das davon,
was wir uns vorgestellt, und es will nicht da feststehen, wohin wir es gestellt haben.

SOKRATES: Was du sagst, Euthyphron, erinnert lebhaft
c an meinen Ahnherrn Daidalos, und wenn *ich* jenes gesagt ×
und aufgestellt hätte, dann könntest du mich wohl ver-

ἐμοὶ κατὰ τὴν ἐκείνου συγγένειαν τὰ ἐν τοῖς λόγοις ἔργα ἀποδιδράσκει καὶ οὐκ ἐθέλει μένειν ὅπου ἄν τις αὐτὰ θῇ· νῦν δὲ σαὶ γὰρ αἱ ὑποθέσεις εἰσίν. ἄλλου δή τινος δεῖ σκώμματος· οὐ γὰρ ἐθέλουσι σοὶ μένειν, ὡς καὶ αὐτῷ σοι δοκεῖ.

ΕΥΘ. Ἐμοὶ δὲ δοκεῖ σχεδόν τι τοῦ αὐτοῦ σκώμματος, ὦ Σώκρατες, δεῖσθαι τὰ λεγόμενα· τὸ γὰρ περιιέναι αὐτοῖς τοῦτο καὶ μὴ μένειν ἐν τῷ αὐτῷ οὐκ ἐγώ εἰμι ὁ
ἐντιθείς, ἀλλὰ σύ μοι δοκεῖς ὁ Δαίδαλος, ἐπεὶ ἐμοῦ γε d
ἕνεκα ἔμενεν ἂν ταῦτα οὕτως.

ΣΩ. Κινδυνεύω ἄρα, ὦ ἑταῖρε, ἐκείνου τοῦ ἀνδρὸς δεινότερος γεγονέναι τὴν τέχνην τοσούτῳ, ὅσῳ ὁ μὲν τὰ αὑτοῦ μόνα ἐποίει οὐ μένοντα, ἐγὼ δὲ πρὸς τοῖς ἐμαυτοῦ, ὡς ἔοικε, καὶ τὰ ἀλλότρια. καὶ δῆτα τοῦτό μοι τῆς τέχνης ἐστὶ κομψότατον, ὅτι ἄκων εἰμὶ σοφός· ἐβουλόμην γὰρ ἄν μοι τοὺς λόγους μένειν καὶ ἀκινήτως ἱδρῦσθαι μᾶλλον ἢ πρὸς
τῇ Δαιδάλου σοφίᾳ τὰ Ταντάλου χρήματα γενέσθαι. καὶ e
τούτων μὲν ἅδην· ἐπειδὴ δέ μοι δοκεῖς σὺ τρυφᾶν, αὐτός σοι συμπροθυμήσομαι [δεῖξαι] ὅπως ἄν με διδάξῃς περὶ τοῦ ὁσίου. καὶ μὴ προαποκάμῃς· ἰδὲ γὰρ εἰ οὐκ ἀναγκαῖόν σοι δοκεῖ δίκαιον εἶναι πᾶν τὸ ὅσιον.

ΕΥΘ. Ἔμοιγε.

ΣΩ. Ἆρ' οὖν καὶ πᾶν τὸ δίκαιον ὅσιον; ἢ τὸ μὲν ὅσιον
πᾶν δίκαιον, τὸ δὲ δίκαιον οὐ πᾶν, ἀλλὰ τὸ μὲν αὐτοῦ 12
ὅσιον, τὸ δέ τι καὶ ἄλλο;

ΕΥΘ. Οὐχ ἕπομαι, ὦ Σώκρατες, τοῖς λεγομένοις.

ΣΩ. Καὶ μὴν νεώτερός γέ μου εἶ οὐκ ἔλαττον ἢ ὅσῳ σοφώτερος· ἀλλ', ὃ λέγω, τρυφᾷς ὑπὸ πλούτου τῆς σοφίας. ἀλλ', ὦ μακάριε, σύντεινε σαυτόν· καὶ γὰρ οὐδὲ χαλεπὸν κατανοῆσαι ὃ λέγω. λέγω γὰρ δὴ τὸ ἐναντίον ἢ ὁ ποιητὴς

spotten, daß auch mir nach seinem illustren Vorbild das Ersonnene davonliefe und nicht dableiben wolle, wohin man es setzt. Nun aber, – es sind deine Thesen, und man müßte den Spott also anders wenden; denn dir wollen sie nicht festbleiben, wie es dir ja auch selbst vorkommt.

EUTHYPHRON: Mir scheint doch das Gesagte eben diesen
Spott zu fordern. Denn das Davonlaufen und Nicht-ver-
d harren-Wollen ist nicht meine Schuld, sondern deine, du
Daidalos, denn von mir aus stände das schon so fest.

SOKRATES: Es sieht also aus, mein Freund, als ob ich ein
noch gewaltigerer Künstler wäre als jener große Mann, insofern als er nur bewirkte, daß seine eigenen Erzeugnisse
nicht stehen blieben, ich aber mache das, abgesehen von
den meinen, wie es scheint auch mit fremden. Und das
endlich ist das Raffinierteste an meiner Kunst, daß ich
ganz gegen meine Absicht so schlau bin, denn ich wollte,
weiß Gott, lieber, daß die Sätze beharrten und unerschüt-
terlich feststånden, als zu der Kunst des Daidalos noch alle
e Schätze des Tantalos gewinnen. Aber lassen wir das! Da
du mir genug zu haben scheinst, will ich mich bemühen,
dir zu helfen, mich über das Fromme zu belehren. Aber
ermatte nur nicht vorher. Schau, scheint dir nicht notwen-
dig alles Fromme ein Gerechtes zu sein?

EUTHYPHRON: Ja.

SOKRATES: Ist nun auch alles, was gerecht ist, fromm
oder ist zwar alles Fromme gerecht, aber das Gerechte
12 nicht im ganzen fromm, sondern teils fromm, teils auch
etwas anderes?

EUTHYPHRON: Ich kann deinen Worten nicht folgen, Sokrates.

SOKRATES: Und doch bist du mir soviel an Jugend voraus wie an Weisheit. Aber was ich eben sagte: Du hast genug, wegen der Fülle der Weisheit. Jedoch, mein Lieber, nimm dich einmal zusammen. Es ist doch gar nicht schwer zu verstehen, was ich meine. Ich meine also das Gegenteil

ἐποίησεν ὁ ποιήσας –

Ζῆνα δὲ τὸν [ϑ'] ἕρξαντα καὶ ὃς τάδε πάντ' ἐφύτευσεν
οὐκ ἐθέλει νεικεῖν· ἵνα γὰρ δέος ἔνθα καὶ αἰδώς. b

ἐγὼ οὖν τούτῳ διαφέρομαι τῷ ποιητῇ. εἴπω σοι ὅπῃ;

ΕΥΘ. Πάνυ γε.

ΣΩ. Οὐ δοκεῖ μοι εἶναι "ἵνα δέος ἔνθα καὶ αἰδώς"· πολλοὶ γάρ μοι δοκοῦσι καὶ νόσους καὶ πενίας καὶ ἄλλα πολλὰ τοιαῦτα δεδιότες δεδιέναι μέν, αἰδεῖσθαι δὲ μηδὲν ταῦτα ἃ δεδίασιν· οὐ καὶ σοὶ δοκεῖ;

ΕΥΘ. Πάνυ γε.

ΣΩ. Ἀλλ' ἵνα γε αἰδὼς ἔνθα καὶ δέος εἶναι· ἐπεὶ ἔστιν ὅστις αἰδούμενός τι πρᾶγμα καὶ αἰσχυνόμενος οὐ πεφόβηταί τε καὶ δέδοικεν ἅμα δόξαν πονηρίας; c

ΕΥΘ. Δέδοικε μὲν οὖν.

ΣΩ. Οὐκ ἄρ' ὀρθῶς ἔχει λέγειν· "ἵνα γὰρ δέος ἔνθα καὶ αἰδώς," ἀλλ' ἵνα μὲν αἰδὼς ἔνθα καὶ δέος, οὐ μέντοι ἵνα γε δέος πανταχοῦ αἰδώς· ἐπὶ πλέον γὰρ οἶμαι δέος αἰδοῦς. μόριον γὰρ αἰδὼς δέους ὥσπερ ἀριθμοῦ περιττόν, ὥστε οὐχ ἵναπερ ἀριθμὸς ἔνθα καὶ περιττόν, ἵνα δὲ περιττὸν ἔνθα καὶ ἀριθμός. ἕπῃ γάρ που νῦν γε;

ΕΥΘ. Πάνυ γε.

ΣΩ. Τὸ τοιοῦτον τοίνυν καὶ ἐκεῖ λέγων ἠρώτων· ἆρα ἵνα δίκαιον ἔνθα καὶ ὅσιον; ἢ ἵνα μὲν ὅσιον ἔνθα καὶ d
δίκαιον, ἵνα δὲ δίκαιον οὐ πανταχοῦ ὅσιον· μόριον γὰρ τοῦ δικαίου τὸ ὅσιον; οὕτω φῶμεν ἢ ἄλλως σοι δοκεῖ;

von dem, was der Dichter gedichtet hat, als er dichtete:

> Den Zeus, der dies getan und auch alle diese Dinge
> gemacht hat, ×
> b will er nicht schmähen, denn wo Furcht ist,
> da ist auch Scham.

Ich nun bin da anderer Ansicht als der Dichter. Soll ich dir sagen wieso?

EUTHYPHRON: Bitte.

SOKRATES: Es scheint mir nicht da, „wo Furcht ist, auch Scham" zu sein. Denn mir kommt es vor, als ob viele, die Krankheit und Armut und dergleichen fürchten, zwar in Furcht schweben, keineswegs aber vor dem Scham hegen, das sie fürchten. Kommt es dir nicht auch so vor?

EUTHYPHRON: Allerdings.

SOKRATES: Aber allerdings, wo Scham ist, da scheint auch Furcht zu sein, denn hat nicht, wer immer Scham und Scheu vor einer Sache hat, auch Furcht und Angst
c vor dem Ruf der Schlechtigkeit?

EUTHYPHRON: Gewiß.

SOKRATES: Also kann man nicht sagen, „wo Furcht ist, da ist auch Scham", sondern wo Scham ist, da ist auch Furcht, keineswegs aber, wo Furcht ist, überall Scham. Denn, wie ich meine, Furcht hat einen weiteren Umfang als Scham, denn Scham ist ein Teil der Furcht, so wie das Ungerade Teil der Zahl, derart, daß nicht überall, wo Anzahl vorliegt, auch Ungeradheit, wo aber Ungeradheit, da auch Anzahl. Folgst du nun?

EUTHYPHRON: Allerdings.

SOKRATES: In diesem Sinne nun fragte ich auch vorhin,
d ob, wo Gerechtigkeit vorliegt, da auch Frommheit vorliegt oder ob, wo Frommheit, da auch Gerechtigkeit, wo aber Gerechtigkeit, nicht allemal Frommheit. Weil nämlich Frommheit eine Unterart der Gerechtigkeit ist. Sollen wir so sagen, oder scheint es dir anders richtig?

ΕΥΘ. Οὔκ, ἀλλ᾽ οὕτω. φαίνῃ γάρ μοι ὀρθῶς λέγειν.

ΣΩ. Ὅρα δὴ τὸ μετὰ τοῦτο. εἰ γὰρ μέρος τὸ ὅσιον τοῦ δικαίου, δεῖ δὴ ἡμᾶς, ὡς ἔοικεν, ἐξευρεῖν τὸ ποῖον μέρος ἂν εἴη τοῦ δικαίου τὸ ὅσιον. εἰ μὲν οὖν σύ με ἠρώτας τι τῶν νυνδή, οἷον ποῖον μέρος ἐστὶν ἀριθμοῦ τὸ ἄρτιον καὶ τίς ὢν τυγχάνει οὗτος ὁ ἀριθμός, εἶπον ἂν ὅτι ὃς ἂν μὴ σκαληνὸς ᾖ ἀλλ᾽ ἰσοσκελής· ἢ οὐ δοκεῖ σοι;

ΕΥΘ. Ἔμοιγε.

ΣΩ. Πειρῶ δὴ καὶ σὺ ἐμὲ οὕτω διδάξαι τὸ ποῖον μέρος e
τοῦ δικαίου ὅσιόν ἐστιν, ἵνα καὶ Μελήτῳ λέγωμεν μηκέθ᾽
ἡμᾶς ἀδικεῖν μηδὲ ἀσεβείας γράφεσθαι, ὡς ἱκανῶς ἤδη
παρὰ σοῦ μεμαθηκότας τά τε εὐσεβῆ καὶ ὅσια καὶ τὰ μή.

ΕΥΘ. Τοῦτο τοίνυν ἔμοιγε δοκεῖ, ὦ Σώκρατες, τὸ μέρος τοῦ δικαίου εἶναι εὐσεβές τε καὶ ὅσιον, τὸ περὶ τὴν τῶν θεῶν θεραπείαν, τὸ δὲ περὶ τὴν τῶν ἀνθρώπων τὸ λοιπὸν εἶναι τοῦ δικαίου μέρος.

ΣΩ. Καὶ καλῶς γέ μοι, ὦ Εὐθύφρων, φαίνῃ λέγειν, ἀλλὰ
σμικροῦ τινος ἔτι ἐνδεής εἰμι· τὴν γὰρ θεραπείαν οὔπω 13
συνίημι ἥντινα ὀνομάζεις. οὐ γάρ που λέγεις γε, οἷαίπερ καὶ
αἱ περὶ τὰ ἄλλα θεραπεῖαί εἰσιν, τοιαύτην καὶ περὶ θεούς –
λέγομεν γάρ που – οἷόν φαμεν ἵππους οὐ πᾶς ἐπίσταται
θεραπεύειν ἀλλὰ ὁ ἱππικός· ἦ γάρ;

ΕΥΘ. Πάνυ γε.

ΣΩ. Ἡ γάρ που ἱππικὴ ἵππων θεραπεία.

ΕΥΘ. Ναί.

EUTHYPHRON: Nein, so. Du scheinst mir ganz richtig zu sprechen.

SOKRATES: Betrachte nun, was folgt. Wenn doch [14]
Frommheit eine Unterart von Gerechtigkeit ist, müssen
wir doch, wie es scheint, herausfinden, was für eine Unterart von Gerechtigkeit Frommheit ist. Wenn du mich nun
etwa gefragt hättest, welche Art von Zahl die gerade Zahl
ist und wie beschaffen diese Zahl ist, dann würde ich sagen,
daß sie diejenige ist, welche nicht unpaarig, sondern
paarig ist; oder scheint es dir nicht so?

EUTHYPHRON: Doch.

e SOKRATES: Versuche nun also, mich so zu belehren,
welche Unterart der Gerechtigkeit Frommheit ist, damit
ich dann auch dem Meletos sagen kann, daß ich nicht mehr
Unrecht tue und der Gottlosigkeit schuldig bin, weil ich
hinreichend von dir über das Gottesfürchtige und Fromme
und ihr Gegenteil belehrt worden bin.

EUTHYPHRON: Folgender Art scheint mir denn also, o Sokrates, das Gottesfürchtige und Fromme zu sein, diejenige Gerechtigkeit, welche sich auf die Sorge für die Götter bezieht. Die, die sich auf die Sorge für die Menschen bezieht, wird dagegen die entsprechende andere Art von Gerechtigkeit sein.

SOKRATES: Ja, Euthyphron, das scheinst du gut gesagt [15]
13 zu haben; nur eine Kleinigkeit brauche ich noch, denn ich
verstehe noch nicht, welche Sorte von Sorge du meinst;
denn du redest doch nicht in dem Sinne, wie man sonst
wohl von Sorge spricht, von Sorge für die Götter. Denn
wir reden doch – nun, sagen wir einmal: Pferde versteht
doch nicht jeder Beliebige zu besorgen, sondern der
Pferdezüchter, nicht wahr?

EUTHYPHRON: Allerdings.

SOKRATES: Denn die Kunst des Pferdezüchters ist die rechte Sorge für die Pferde.

EUTHYPHRON: Ja.

ΣΩ. Οὐδέ γε κύνας πᾶς ἐπίσταται θεραπεύειν ἀλλὰ ὁ κυνηγετικός.

ΕΥΘ. Οὕτω.

ΣΩ. Ἡ γάρ που κυνηγετικὴ κυνῶν θεραπεία.

ΕΥΘ. Ναί. b

ΣΩ. Ἡ δέ γε βοηλατικὴ βοῶν.

ΕΥΘ. Πάνυ γε.

ΣΩ. Ἡ δὲ δὴ ὁσιότης τε καὶ εὐσέβεια θεῶν, ὦ Εὐθύφρων; οὕτω λέγεις;

ΕΥΘ. Ἔγωγε.

ΣΩ. Οὐκοῦν θεραπεία γε πᾶσα ταὐτὸν διαπράττεται; οἷον τοιόνδε· ἐπ' ἀγαθῷ τινί ἐστι καὶ ὠφελίᾳ τοῦ θεραπευομένου, ὥσπερ ὁρᾷς δὴ ὅτι οἱ ἵπποι ὑπὸ τῆς ἱππικῆς θεραπευόμενοι ὠφελοῦνται καὶ βελτίους γίγνονται· ἢ οὐ δοκοῦσί σοι;

ΕΥΘ. Ἔμοιγε.

ΣΩ. Καὶ οἱ κύνες γέ που ὑπὸ τῆς κυνηγετικῆς, καὶ οἱ βόες ὑπὸ τῆς βοηλατικῆς, καὶ τἆλλα πάντα ὡσαύτως· ἢ ἐπὶ c
βλάβῃ οἴει τοῦ θεραπευομένου τὴν θεραπείαν εἶναι;

ΕΥΘ. Μὰ Δί' οὐκ ἔγωγε.

ΣΩ. Ἀλλ' ἐπ' ὠφελίᾳ;

ΕΥΘ. Πῶς δ' οὔ;

ΣΩ. Ἦ οὖν καὶ ἡ ὁσιότης θεραπεία οὖσα θεῶν ὠφελία τέ ἐστι θεῶν καὶ βελτίους τοὺς θεοὺς ποιεῖ; καὶ σὺ τοῦτο συγχωρήσαις ἄν, ὡς ἐπειδάν τι ὅσιον ποιῇς, βελτίω τινὰ τῶν θεῶν ἀπεργάζῃ;

ΕΥΘ. Μὰ Δί' οὐκ ἔγωγε.

ΣΩ. Οὐδὲ γὰρ ἐγώ, ὦ Εὐθύφρων, οἶμαί σε τοῦτο λέγειν – πολλοῦ καὶ δέω – ἀλλὰ τούτου δὴ ἕνεκα καὶ ἀνηρόμην

Sokrates: Und Jagdhunde versteht doch nicht jeder Beliebige zu besorgen, sondern der Jäger.

Euthyphron: Ja.

Sokrates: Denn die Jagdkunst ist die rechte Sorge für die Jagdhunde.

b Euthyphron: Ja.

Sokrates: Und die Kunst des Rinderhirten die rechte Sorge für die Rinder.

Euthyphron: Gewiß.

Sokrates: Und die Frömmigkeit also die rechte Sorge für die Götter, Euthyphron, sagst du so?

Euthyphron: Ja.

Sokrates: Bewirkt nun nicht jede Sorge eben dasselbe, nämlich dies etwa: Zum Guten und zum Vorteil des Besorgten dient sie, wie du doch siehst, daß die Pferde, die von der Pferdezüchterei zum Gegenstand der Sorge gemacht werden, Nutzen davon haben und besser werden, oder scheint es nicht so?

Euthyphron: Doch.

Sokrates: Und die Jagdhunde von der Jagdkunst und
c die Rinder von der Hirtenkunst und alles übrige entsprechend? Oder glaubst du, daß die rechte Sorge dem, dem sie gilt, zum Schaden ausschlägt?

Euthyphron: Weiß Gott, nein.

Sokrates: Sondern zum Nutzen.

Euthyphron: Natürlich.

Sokrates: Ist nun auch die Frömmigkeit, wenn sie Sorge für die Götter ist, ein Vorteil für die Götter und macht sie die Götter besser? Und gestehst du das wohl zu, daß, wenn du etwas Frommes tust, du einen der Götter besser machst?

Euthyphron: Weiß Gott, nein.

Sokrates: Ich glaube nämlich auch nicht, Euthyphron, daß du das sagst, bei weitem nicht, sondern eben deswegen habe ich gerade gefragt, was für eine Sorge du unter

τίνα ποτὲ λέγοις τὴν θεραπείαν τῶν θεῶν, οὐχ ἡγούμενός d
σε τοιαύτην λέγειν.

ΕΥΘ. Καὶ ὀρθῶς γε, ὦ Σώκρατες· οὐ γὰρ τοιαύτην λέγω.

ΣΩ. Εἶεν· ἀλλὰ τίς δὴ θεῶν θεραπεία εἴη ἂν ἡ ὁσιότης;

ΕΥΘ. Ἥνπερ, ὦ Σώκρατες, οἱ δοῦλοι τοὺς δεσπότας θεραπεύουσιν.

ΣΩ. Μανθάνω. ὑπηρετική τις ἄν, ὡς ἔοικεν, εἴη θεοῖς.

ΕΥΘ. Πάνυ μὲν οὖν.

ΣΩ. Ἔχοις ἂν οὖν εἰπεῖν ἡ ἰατροῖς ὑπηρετικὴ εἰς τίνος ἔργου ἀπεργασίαν τυγχάνει οὖσα ὑπηρετική; οὐκ εἰς ὑγιείας οἴει;

ΕΥΘ. Ἔγωγε.

ΣΩ. Τί δὲ ἡ ναυπηγοῖς ὑπηρετική; εἰς τίνος ἔργου e
ἀπεργασίαν ὑπηρετική ἐστιν;

ΕΥΘ. Δῆλον ὅτι, ὦ Σώκρατες, εἰς πλοίου.

ΣΩ. Καὶ ἡ οἰκοδόμοις γέ που εἰς οἰκίας;

ΕΥΘ. Ναί.

ΣΩ. Εἰπὲ δή, ὦ ἄριστε· ἡ δὲ θεοῖς ὑπηρετικὴ εἰς τίνος ἔργου ἀπεργασίαν ὑπηρετικὴ ἂν εἴη; δῆλον γὰρ ὅτι σὺ οἶσθα, ἐπειδήπερ τά γε θεῖα κάλλιστα φῂς εἰδέναι ἀνθρώπων.

ΕΥΘ. Καὶ ἀληθῆ γε λέγω, ὦ Σώκρατες.

ΣΩ. Εἰπὲ δὴ πρὸς Διὸς τί ποτέ ἐστιν ἐκεῖνο τὸ πάγκαλον ἔργον ὃ οἱ θεοὶ ἀπεργάζονται ἡμῖν ὑπηρέταις χρώμενοι;

ΕΥΘ. Πολλὰ καὶ καλά, ὦ Σώκρατες.

ΣΩ. Καὶ γὰρ οἱ στρατηγοί, ὦ φίλε· ἀλλ' ὅμως τὸ κεφά- 14
λαιον αὐτῶν ῥᾳδίως ἂν εἴποις, ὅτι νίκην ἐν τῷ πολέμῳ ἀπεργάζονται· ἢ οὔ;

ΕΥΘ. Πῶς δ' οὔ;

d der Sorge für die Götter verstehst, da ich nicht glaubte, daß du eine solche meinst.

EUTHYPHRON: Und das mit Recht, Sokrates, denn eine solche meine ich nicht.

SOKRATES: Schön; aber was für eine Sorge für die Götter ist denn die Frömmigkeit?

EUTHYPHRON: Diejenige, Sokrates, die die Sklaven den Herren gegenüber erweisen.

SOKRATES: Ah, ich verstehe, wohl ein Dienst bei den Göttern?

EUTHYPHRON: Allerdings.

SOKRATES: Du könntest mir nun wohl sagen, welchem Werk ein Dienst bei Ärzten gilt; doch wohl der Förderung der Gesundheit?

EUTHYPHRON: Ja.

e SOKRATES: Und welchem Werk der Dienst bei Schiffsbaumeistern?

EUTHYPHRON: Natürlich der Herstellung von Schiffen, Sokrates.

SOKRATES: Und der bei den Baumeistern?

EUTHYPHRON: Der von Häusern.

SOKRATES: Dann sage mir doch, mein Bester, der För- [16]
derung welchen Werkes dient der Dienst bei den Göttern? Denn ganz offenbar weißt du das, da du ja sagst, daß du am besten von allen Menschen die göttlichen Dinge kennst.

EUTHYPHRON: Und da sage ich die Wahrheit, Sokrates.

SOKRATES: Dann sage mir doch also bei Gott, was ist denn jenes allerschönste Werk, das die Götter schaffen, indem sie uns als Diener benutzen?

EUTHYPHRON: Oh, Vieles und Schönes, Sokrates.

14 SOKRATES: Das leisten auch die Feldherren, mein Lieber; aber dennoch könntest du mir leicht die Hauptsache davon angeben, nämlich daß sie den Sieg im Kriege verschaffen, oder nicht?

EUTHYPHRON: Selbstverständlich.

ΣΩ. Πολλὰ δέ γ', οἶμαι, καὶ καλὰ καὶ οἱ γεωργοί. ἀλλ' ὅμως τὸ κεφάλαιον αὐτῶν ἐστιν τῆς ἀπεργασίας ἡ ἐκ τῆς γῆς τροφή.

ΕΥΘ. Πάνυ γε.

ΣΩ. Τί δὲ δὴ τῶν πολλῶν καὶ καλῶν ἃ οἱ θεοὶ ἀπεργάζονται; τί τὸ κεφάλαιόν ἐστι τῆς ἐργασίας;

ΕΥΘ. Καὶ ὀλίγον σοι πρότερον εἶπον, ὦ Σώκρατες, ὅτι
πλείονος ἔργου ἐστὶν ἀκριβῶς πάντα ταῦτα ὡς ἔχει μαθεῖν· b
τόδε μέντοι σοι ἁπλῶς λέγω, ὅτι ἐὰν μὲν κεχαρισμένα τις
ἐπίστηται τοῖς θεοῖς λέγειν τε καὶ πράττειν εὐχόμενός τε
καὶ θύων, ταῦτ' ἔστι τὰ ὅσια, καὶ σῴζει τὰ τοιαῦτα τούς τε
ἰδίους οἴκους καὶ τὰ κοινὰ τῶν πόλεων· τὰ δ' ἐναντία τῶν
κεχαρισμένων ἀσεβῆ, ἃ δὴ καὶ ἀνατρέπει ἅπαντα καὶ
ἀπόλλυσιν.

ΣΩ. Ἦ πολύ μοι διὰ βραχυτέρων, ὦ Εὐθύφρων, εἰ
ἐβούλου, εἶπες ἂν τὸ κεφάλαιον ὧν ἠρώτων· ἀλλὰ γὰρ οὐ
πρόθυμός με εἶ διδάξαι – δῆλος εἶ. καὶ γὰρ νῦν ἐπειδὴ ἐπ' c
αὐτῷ ἦσθα ἀπετράπου, ὃ εἰ ἀπεκρίνω, ἱκανῶς ἂν ἤδη παρὰ
σοῦ τὴν ὁσιότητα ἐμεμαθήκη. νῦν δὲ ἀνάγκη γὰρ τὸν ἐρῶν-
τα τῷ ἐρωμένῳ ἀκολουθεῖν ὅπῃ ἂν ἐκεῖνος ὑπάγῃ, τί δὴ αὖ
λέγεις τὸ ὅσιον εἶναι καὶ τὴν ὁσιότητα; οὐχὶ ἐπιστήμην
τινὰ τοῦ θύειν τε καὶ εὔχεσθαι;

ΕΥΘ. Ἔγωγε.

ΣΩ. Οὐκοῦν τὸ θύειν δωρεῖσθαί ἐστι τοῖς θεοῖς, τὸ δ' εὔχεσθαι αἰτεῖν τοὺς θεούς;

ΕΥΘ. Καὶ μάλα, ὦ Σώκρατες.

ΣΩ. Ἐπιστήμη ἄρα αἰτήσεως καὶ δόσεως θεοῖς ὁσιότης d
ἂν εἴη ἐκ τούτου τοῦ λόγου.

SOKRATES: Und Vieles und Schönes, denke ich, bringen auch die Landleute hervor; aber dennoch ist die Hauptsache davon die Nahrung, die aus dem Boden gezogen wird.

EUTHYPHRON: Ja.

SOKRATES: Und also von dem Vielen und Schönen, das die Götter schaffen? Was ist die Hauptsache des Schaffens?

EUTHYPHRON: Ich habe dir doch vorhin schon gesagt,
b Sokrates, daß es eine schwierige Aufgabe ist, genau zu erfassen, wie sich das alles verhält. Dies aber sage ich schlankweg: wenn einer den Göttern in Gebeten und Opfern Wohlgefälliges sagen und tun kann, das ist das Fromme und das bringt den Familien und den Staaten Heil; das Gegenteil aber des den Göttern Wohlgefälligen ist das Verfluchte, was alles umwirft und zerstört.

SOKRATES: Wahrhaftig, viel kürzer, Euthyphron, hät- [17]
test du, wenn du gewollt hättest, die Hauptsache, nach der ich gefragt habe, sagen können. Aber freilich, du
c willst mich nicht belehren, das ist klar. Denn auch eben, als du ganz dicht an dem Wesen der Sache selber warst, bist du wieder abgebogen. Wenn du das beantwortet hättest, dann wäre ich allerdings von dir hinreichend über die Frommheit belehrt worden. Nun aber – es muß ja doch der Fragende dem Befragten folgen, wohin der ihn führt – was sagst du also wieder, was das Fromme und Unfromme sei? War es nicht ein Sichverstehen auf Opfern und Beten?

EUTHYPHRON: Ja.

SOKRATES: Opfern heißt doch, den Göttern etwas geben. Beten aber, von den Göttern etwas heischen.

EUTHYPHRON: Allerdings, Sokrates.

d SOKRATES: Ein Sichverstehen also auf Angebot und Nachfrage im Verkehr mit den Göttern wäre die Frömmigkeit nach deiner Erklärung.

ΕΥΘ. Πάνυ καλῶς, ὦ Σώκρατες, συνῆκας ὃ εἶπον.

ΣΩ. Ἐπιθυμητὴς γάρ εἰμι, ὦ φίλε, τῆς σῆς σοφίας καὶ προσέχω τὸν νοῦν αὐτῇ, ὥστε οὐ χαμαὶ πεσεῖται ὅτι ἂν εἴπῃς. ἀλλά μοι λέξον τίς αὕτη ἡ ὑπηρεσία ἐστὶ τοῖς θεοῖς; αἰτεῖν τε φῂς αὐτοὺς καὶ διδόναι ἐκείνοις;

ΕΥΘ. Ἔγωγε.

ΣΩ. Ἆρ' οὖν οὐ τό γε ὀρθῶς αἰτεῖν ἂν εἴη ὧν δεόμεθα παρ' ἐκείνων, ταῦτα αὐτοὺς αἰτεῖν;

ΕΥΘ. Ἀλλὰ τί;

ΣΩ. Καὶ αὖ τὸ διδόναι ὀρθῶς, ὧν ἐκεῖνοι τυγχάνουσιν e
δεόμενοι παρ' ἡμῶν, ταῦτα ἐκείνοις αὖ ἀντιδωρεῖσθαι; οὐ γάρ που τεχνικόν γ' ἂν εἴη δωροφορεῖν διδόντα τῳ ταῦτα ὧν οὐδὲν δεῖται.

ΕΥΘ. Ἀληθῆ λέγεις, ὦ Σώκρατες.

ΣΩ. Ἐμπορικὴ ἄρα τις ἂν εἴη, ὦ Εὐθύφρων, τέχνη ἡ ὁσιότης θεοῖς καὶ ἀνθρώποις παρ' ἀλλήλων.

ΕΥΘ. Ἐμπορική, εἰ οὕτως ἥδιόν σοι ὀνομάζειν.

ΣΩ. Ἀλλ' οὐδὲν ἥδιον ἔμοιγε, εἰ μὴ τυγχάνει ἀληθὲς ὄν. φράσον δέ μοι, τίς ἡ ὠφελία τοῖς θεοῖς τυγχάνει οὖσα ἀπὸ τῶν δώρων ὧν παρ' ἡμῶν λαμβάνουσιν; ἃ μὲν γὰρ διδόασι παντὶ δῆλον· οὐδὲν γὰρ ἡμῖν ἐστιν ἀγαθὸν ὅτι ἂν μὴ ἐκεῖνοι δῶσιν. ἃ δὲ παρ' ἡμῶν λαμβάνουσιν, τί ὠφελοῦνται; ἢ τοσοῦτον αὐτῶν πλεονεκτοῦμεν κατὰ τὴν ἐμπορίαν, ὥστε πάντα τὰ ἀγαθὰ παρ' αὐτῶν λαμβάνομεν, ἐκεῖνοι δὲ παρ' ἡμῶν οὐδέν;

ΕΥΘ. Ἀλλ' οἴει, ὦ Σώκρατες, τοὺς θεοὺς ὠφελεῖσθαι ἀπὸ τούτων ἃ παρ' ἡμῶν λαμβάνουσιν;

ΣΩ. Ἀλλὰ τί δήποτ' ἂν εἴη ταῦτα, ὦ Εὐθύφρων, τὰ παρ' ἡμῶν δῶρα τοῖς θεοῖς;

ΕΥΘ. Τί δ' οἴει ἄλλο ἢ τιμή τε καὶ γέρα καί, ὅπερ ἐγὼ

EUTHYPHRON: Ganz vorzüglich, Sokrates, hast du verstanden, was ich sagte.

SOKRATES: Ich bin ja auch sehr neugierig auf deine Weisheit und sehr aufmerksam auf sie, so daß deine Worte ihr Ziel nicht verfehlen. Aber sage mir, inwiefern ist das ein Dienst bei den Göttern? Du sagst, wir bitten sie und geben ihnen?

EUTHYPHRON: Ja.

SOKRATES: Das richtige Bitten bestände doch wohl dar- [18]
in, sie um das zu bitten, was wir von ihnen brauchen.

EUTHYPHRON: Warum? Was weiter?

e SOKRATES: Und das richtige Geben doch wohl darin, ihnen das zum Entgelt zu geben, was sie von uns brauchen. Denn das wäre ja sonst eine schöne Kunst, Geschenke zu machen, wenn man jemandem etwas gibt, was er nicht braucht.

EUTHYPHRON: Da hast du recht, Sokrates.

SOKRATES: Es wäre also die Frömmigkeit, Euthyphron, eine Kunst des Handelsverkehrs zwischen Göttern und Menschen.

EUTHYPHRON: Schön, eine Kunst des Handelsverkehrs, wenn eine solche Bezeichnung dir lieber ist.

SOKRATES: Wenn sie verkehrt ist, wäre sie mir keineswegs lieber. Aber sage mir, welchen Nutzen haben die Götter von den Gaben, welche sie von uns empfangen? Denn was sie geben, das ist offenbar. Wir haben ja nichts Gutes, was sie nicht gäben. Aber was sie von uns empfangen, was nützt es ihnen? Oder sind wir bei dem Handel so im Vorteil, daß wir von ihnen alle Güter empfangen, sie von uns aber nichts?

EUTHYPHRON: Aber glaubst du denn, Sokrates, daß die Götter Nutzen haben von dem, was sie von uns empfangen?

SOKRATES: Was wäre denn das, Euthyphron, was die Götter von uns als Gabe empfangen?

EUTHYPHRON: Nun, was anderes denn als Ehrenbezeu-

ἄρτι ἔλεγον, χάρις;

ΣΩ. Κεχαρισμένον ἄρα ἐστίν, ὦ Εὐθύφρων, τὸ ὅσιον, b
ἀλλ' οὐχὶ ὠφέλιμον οὐδὲ φίλον τοῖς θεοῖς;

ΕΥΘ. Οἶμαι ἔγωγε πάντων γε μάλιστα φίλον.

ΣΩ. Τοῦτο ἄρ' ἐστὶν αὖ, ὡς ἔοικε, τὸ ὅσιον, τὸ τοῖς θεοῖς φίλον.

ΕΥΘ. Μάλιστά γε.

ΣΩ. Θαυμάσῃ οὖν ταῦτα λέγων ἐάν σοι οἱ λόγοι φαίνωνται μὴ μένοντες ἀλλὰ βαδίζοντες, καὶ ἐμὲ αἰτιάσῃ τὸν Δαίδαλον βαδίζοντας αὐτοὺς ποιεῖν, αὐτὸς ὢν πολύ γε τεχνικώτερος τοῦ Δαιδάλου καὶ κύκλῳ περιιόντα ποιῶν; ἢ οὐκ αἰσθάνῃ ὅτι ὁ λόγος ἡμῖν περιελθὼν πάλιν εἰς ταὐτὸν
ἥκει; μέμνησαι γάρ που ὅτι ἐν τῷ πρόσθεν τό τε ὅσιον καὶ c
τὸ θεοφιλὲς οὐ ταὐτὸν ἡμῖν ἐφάνη ἀλλ' ἕτερα ἀλλήλων· ἢ οὐ μέμνησαι;

ΕΥΘ. Ἔγωγε.

ΣΩ. Νῦν οὖν οὐκ ἐννοεῖς ὅτι τὸ τοῖς θεοῖς φίλον φῂς ὅσιον εἶναι; τοῦτο δ' ἄλλο τι ἢ θεοφιλὲς γίγνεται; ἢ οὔ;

ΕΥΘ. Πάνυ γε.

ΣΩ. Οὐκοῦν ἢ ἄρτι οὐ καλῶς ὡμολογοῦμεν, ἢ εἰ τότε καλῶς, νῦν οὐκ ὀρθῶς τιθέμεθα.

ΕΥΘ. Ἔοικεν.

ΣΩ. Ἐξ ἀρχῆς ἄρα ἡμῖν πάλιν σκεπτέον τί ἐστι τὸ ὅσιον, ὡς ἐγὼ πρὶν ἂν μάθω ἑκὼν εἶναι οὐκ ἀποδειλιάσω.
ἀλλὰ μή με ἀτιμάσῃς ἀλλὰ παντὶ τρόπῳ προσσχὼν τὸν d
νοῦν ὅτι μάλιστα νῦν εἰπὲ τὴν ἀλήθειαν· οἶσθα γὰρ εἴπερ

gungen und Ehrengaben und, wie ich vorhin sagte, Wohlgefälliges?

b Sokrates: Etwas Wohlgefälliges also ist, Euthyphron, das Fromme, aber nicht etwas Nützliches und den Göttern Liebes?

Euthyphron: Ich glaube allerdings, vor allem etwas Liebes.

Sokrates: Da läuft also, wie es scheint, das Fromme wieder hinaus auf das den Göttern Liebe.

Euthyphron: Gewiß doch.

Sokrates: Und da wunderst du dich bei solchen Wor- [19]
ten, wenn deine Sätze nicht stand zu halten scheinen, sondern ins Laufen geraten, und beschuldigst mich, daß ich
sie als der Daidalos ins Laufen brächte, während du doch
viel kunstvoller als Daidalos bist und Dinge, die sich im
Kreise drehen, machst. Denn merkst du nicht, daß die
Rede uns im Kreisgang wieder an denselben Punkt gelangt
c ist? Denn du erinnerst dich doch wohl, daß vorhin uns
das Fromme und das Gottgeliebte nicht als dasselbe er-
schien, sondern als verschieden von einander, oder erinnerst du dich nicht?

Euthyphron: Doch.

Sokrates: Bemerkst du nun nicht, daß du das den Göttern Liebe für fromm erklärst? Das ist doch aber wohl das Gottgeliebte?

Euthyphron: Ja.

Sokrates: Also haben wir entweder vorhin nicht richtig geurteilt, oder, wenn damals richtig, so denken wir jetzt falsch.

Euthyphron: Es scheint so.

Sokrates: Wir müssen also wieder von Anfang an be- [20]
trachten: was ist das Fromme? Denn ich werde, bevor ich
das gelernt habe, soweit es von meinem Willen abhängt,
d nicht locker lassen. Du aber mißachte mich nicht, sondern
sammle dich möglichst und sage jetzt die Wahrheit. Du

τις ἄλλος ἀνθρώπων, καὶ οὐκ ἀφετέος εἶ ὥσπερ ὁ Πρωτεὺς πρὶν ἂν εἴπῃς. εἰ γὰρ μὴ ᾔδησθα σαφῶς τό τε ὅσιον καὶ τὸ ἀνόσιον, οὐκ ἔστιν ὅπως ἄν ποτε ἐπεχείρησας ὑπὲρ ἀνδρὸς θητὸς ἄνδρα πρεσβύτην πατέρα διωκάθειν φόνου, ἀλλὰ καὶ τοὺς θεοὺς ἂν ἔδεισας παρακινδυνεύειν μὴ οὐκ ὀρθῶς αὐτὸ ποιήσοις, καὶ τοὺς ἀνθρώπους ᾐσχύνθης· νῦν δὲ εὖ οἶδα ὅτι σαφῶς οἴει εἰδέναι τό τε ὅσιον καὶ μή. εἰπὲ οὖν, ὦ βέλ- e
τιστε Εὐθύφρων, καὶ μὴ ἀποκρύψῃ ὅτι αὐτὸ ἡγῇ.

ΕΥΘ. Εἰς αὖθις τοίνυν, ὦ Σώκρατες· νῦν γὰρ σπεύδω ποι, καί μοι ὥρα ἀπιέναι.

ΣΩ. Οἷα ποιεῖς, ὦ ἑταῖρε. ἀπ᾽ ἐλπίδος με καταβαλὼν μεγάλης ἀπέρχῃ ἣν εἶχον, ὡς παρὰ σοῦ μαθὼν τά τε ὅσια καὶ μὴ καὶ τῆς πρὸς Μέλητον γραφῆς ἀπαλλάξομαι, ἐν-
δειξάμενος ἐκείνῳ ὅτι σοφὸς ἤδη παρ᾽ Εὐθύφρονος τὰ θεῖα 16
γέγονα καὶ ὅτι οὐκέτι ὑπ᾽ ἀγνοίας αὐτοσχεδιάζω οὐδὲ καινοτομῶ περὶ αὐτά, καὶ δὴ καὶ τὸν ἄλλον βίον ὅτι ἄμεινον βιωσοίμην.

weißt sie doch, wenn irgend einer von den Menschen, und
darfst mir nicht entwischen wie Proteus, bevor du sie ge- ×
sagt hast. Denn wenn du nicht ganz genau das Fromme
und Nichtfromme kenntest, könntest du dich ja nicht
unterfangen, um eines Tagelöhners willen deinen greisen
Vater wegen Mordes zu verfolgen, sondern hättest sowohl
Furcht vor den Göttern, daß du Gefahr liefest, damit nicht
richtig zu handeln, wie Scheu vor den Menschen. Nun aber
weiß ich wohl, daß du deutlich das Fromme und Nicht-
e fromme zu kennen glaubst. Also sprich, bester Euthyphron,
und verbirg mir nicht, wofür du es hältst.

EUTHYPHRON: Später, Sokrates, denn jetzt hab' ich es
eilig und es ist höchste Zeit für mich zu gehen.

SOKRATES: Was tust du, mein Freund! Du vernichtest
mit deinem Weggang doch meine große Hoffnung, daß ich
von dir, was fromm und unfromm ist, erführe und dadurch den Klagehandel mit Meletos los würde, indem ich
16 ihm melden könnte, daß ich durch Euthyphron weise in
den göttlichen Dingen geworden bin und nicht mehr aus
Unwissenheit dilettiere und auf Neuerungen sinne, und
vor allem, daß ich mein weiteres Leben besser führen
könnte.

ANMERKUNGEN

2a: Lykeion: Heiliger Hain außerhalb von Athen. Gespräche des Sokrates an diesem Ort werden von Platon im „Euthydemos", „Symposion" und „Lysis" erwähnt, ebenso von dem Sokratiker Aischines von Sphettos in mindestens einem Dialog.

2a: „Gerichtsgebäude" steht für das griechische „Halle des Königs". König hieß in Athen der zweite Archon. Er war für alle kultischen Angelegenheiten der Stadt verantwortlich, speziell für alle dazu gerechneten Anklagen auf Mord sowie auf Religionsfrevel.

2b: Meletos: der Hauptankläger des Sokrates. Er wird von Platon als solcher außer im „Euthyphron" nicht nur in der Apologie, sondern, was wichtiger ist, auch am Schluß des „Theätet" erwähnt. Sein Geburtsort Pitthis ist ein Demos in der Phyle Kekropis in Athen.

11c: Ahnherr Daidalos: Sokrates war wie sein Vater Bildhauer. Daidalos galt als der Verfertiger der ältesten Statuen. Diese kamen der archaischen Zeit so lebendig vor, daß man sagte, sie hätten festgebunden werden müssen, damit sie nicht wegliefen. Diese Vorstellung spielt in der Schlußerörterung des „Menon" eine wichtige Rolle (97d).

12a–b: Zitat aus dem verlorenen Epos „Die Kyprien", fr. 20 Kinkel.

15d: Der Meergreis Proteus suchte sich dem Zugriff des Menelaos dadurch zu entziehen, daß er immer wieder seine Gestalt änderte (Odyssee 4, 456–58). Im „Euthydemos" vergleicht Platon mit ihm die sophistischen Eristiker Euthydemos und Dionysodoros (288b).

www.ingramcontent.com/pod-product-compliance
Lightning Source LLC
LaVergne TN
LVHW041508190726
843491LV00008B/2596